あなたを励ます！

アメリカの金言集

Positive Sayings from USA

長尾和夫 監修

アンディ・バーガー／仲慶次／本多真佑子 著

自由国民社

はじめに

みなさん、アメリカという国家にどのようなイメージをお持ちでしょうか。世界のリーダー、アメリカンドリーム、フロンティアスピリット、人種のるつぼ、世界第一の経済大国、憲法とバイブルの国…など、非常に巨大な存在感を持った国であるという印象をお持ちなのではないでしょうか？ またアメリカは長きに渡って日本人の憧れでもありましたし、いまでは、日本の最重要な同盟国でもあります。

しかし、現在、アメリカも世界中の国々と同様、多くの問題を抱えています。人種問題、国民の経済格差、不法移民、感染症対策、保険医療の問題、汚職や不正、選挙における対立構造、貧困やホームレスの問題など、多様な問題に直面しながら大きく揺さぶられているのは確かです。

日本でもコロナ禍において、アメリカとは幾分異なるとはいえ、多くの問題が噴出し始めています。自粛によって大きく打撃を受けたさまざまな業界における倒産や解雇、労働時間の減少、大学のリモート化により友人が作れない大学生、就職環境の悪化、家庭内不和による別居や離婚、子どもの虐待などの増加、経済の停滞による企業業績の悪化と社員の収入の減少、自殺者の増加など、あらゆる問題が同時多発的に生じつつあると言ってもいいでしょう。

このように急速に不安定化し、不活発化し、なにもかもが停滞しつつあるようにも感じられる現在の世界において、私たちはどのような指針を掲げ、どのような気持ちで世界と対峙し、人生の航路を進んでいくべきでしょう？ だれもがこのような気持ちを抱えているのが世界の現状ではないでしょうか。

世界が変容してしまったとき、私たちが自信を保ちしっかりと立つにはどうしたらいいのでしょうか？ 不安を恐れず、希望を抱きながら前向きに進んでいくにはなにを胸に掲げればよいのでしょうか？ 病を恐れ、人の目を恐れ、引き籠もってばかりになってしまった世界中の多くの人は、どうやって再び世界に、あるいは自らの人生に希望の光を取り戻せばいいのでしょうか？

さまざまな不安を克服するために、欧米の人々はよく言葉によって自らを鼓舞します。自らの強い主張を訴えたいデモなどの場面では、プラカードに大きな文字で主張を刻みつけ、周囲の人たちに強くアピールを行います。そしてその言葉は多くの場合、短く鋭いものばかりです。

例えば、オバマ大統領のスローガンはYes, We Can! でした。またトランプ大統領は2016年にMake America Great Again! と主張し当選を果たしました。そして2020 年の大統領選挙ではKeep America Great!（トランプ陣営） 対Build Back Better!（バイデン陣営）というスローガンが両陣営によって掲げられました。いずれのスローガンも短くインパクトの強いものばかりであることがわかると思います。短くキラリと光り人を引きつける言葉には、強い魅力と人々に希望を与える力強さがあるのです。シンプルで鋭いスローガンの数々からもわかるように、アメリカ人の思想、想いは短い言葉の中にこそ大いなる輝きを伴って現出するのです。

本書ではいま、この瞬間、この時代において必要な言葉を見つける旅路をみなさんとともにしたいと思い、輝きを持った「現代のアメリカの金言」の数々をみなさんに味わっていただこうと考えました。本書に登場する金言はそのほとんどが詠み人知らずのアノニマスなものばかりですが、それぞれの金言は、それぞれの個性を輝かせながら、現代社会の中での生き方について深い洞察と指針とを示してくれます。

いま、この時代のアメリカ人はなにを考えなにを指針としているのか、それを知ることは私たち日本人にとって大きな力ともなり得ることでしょう。時代の曲がり角に立っている世界においては、これまでの常識的な思考が役立つとは言えません。本書では、アメリカをアメリカたらしめている思考、感情、観念、洞察、行動原理などを紐解き、読者のみなさんと共に味わいながら、前へ歩を進めていくための力や思考をいっしょに見つけることができればと考えました。

アメリカはピルグリム・ファーザーズの入植以来、冒険心とフロンティア・スピリットで構築されてきた国なのです。アメリカは未知との出遭いや、未知との格闘、未知との和解を通して発展してきた国とも言えるでしょう。そのような国の人々が、日々を乗り越えるためにどのような考え方をしているのかがとてもよくわかる金言を、本書では数多く紹介していきます。

現在厳しい状況にある人、仕事や人間関係で悩みを抱えている人、新たな一歩を踏み出そうかどうかと迷いの中で苦しんでいる人、明日への希望が見いだせず悲嘆に暮れている人、自分の生きる意味を見いだせずにいる人たちに指針を示してくれる言葉が、本書の中には数多く蓄えられています。ぜひ、本書の中から、みなさんが生きていく上で重要な言葉、みなさんの心の友、あるいは救いとなる言葉を見いだしていただければと思います。

時代のうねりの中でさまようそれぞれの小舟を離れ、壮大な新大陸にたどり着き、新たな冒険に出かけるために必要な言葉がきっと本書の中にいくつも見つかるものと思います。ぜひ、みなさんの一生の友となるような言葉を見いだして、人生の大切な友としていただけたらと思います。さあ、私たちといっしょにアメリカ人の輝く言葉、金言の世界に出発しましょう！

最後になりますが、本書は欧米文化を愛する人たちが執筆陣として名を連ねています。横浜国立大学の講師でありA+Caféのネイティブ・スタッフでもあるアンディ・バーガー氏、名編集者である仲慶次氏と本多真佑子氏のおふたり。みなさんのご尽力に改めて敬意を表したいと思います。また、本書の編集を担当していただいた自由国民社の三田智朗氏にも、この場を借りてお礼を申し上げたいと思います。

2021年元旦

A+Café 代表　長尾和夫

本書のページ構成

本書の200日分の金言集は、11の章に分けられて収載されています。まずは簡単にページの構成を説明しましょう。

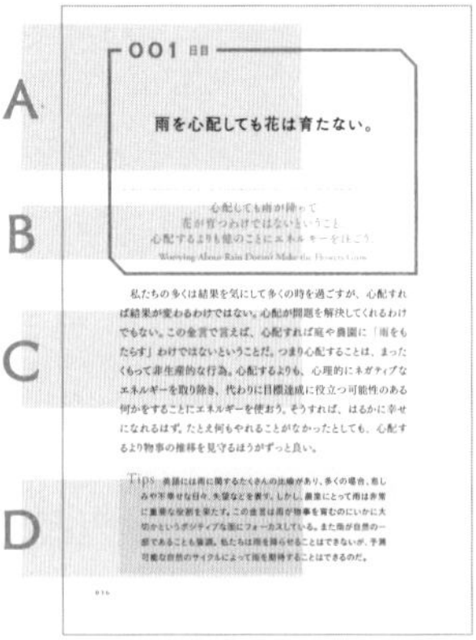

本書は左図のように、**1ページに1つの金言が紹介**されています。

Aには金言フレーズがあります。

Bには、Aの金言フレーズの要約やその金言が言わんとするテーマに関する問いかけなど、Aの金言を理解するためのひと言が載っています。その下にある英文は、金言フレーズの英文です。著者であり、アメリカ人のアンディ・バーガー氏が本書のために読者に読んでほしいと思う、**アメリカ文化に根づいた200の金言**を厳選しました。

Cでは、各金言の内容をより詳しく説明してあり、**金言の内容理解を深めることができます。**DのTipsでは、金言の原文である英文に隠された「金言をより楽しむためのヒント」を紹介しています。言語的に、文化的に、歴史的に…様々な視点から、その金言がなぜ、アメリカ人の心に強く残るのかを解説しています。英語の知識がある方も、そうでない方もきっと理解の助けになるでしょう。そして、日本語ではなく、原文の英語で意味を理解することで、ますます**アメリカ人的スピリットを理解できていくようになるはず**です。

本書の使い方

最も一般的な本書の楽しみ方は、200の金言を1日目から200日目まで順に、毎日、「1日1金言」を読んで楽しむ方法です。それも、もちろん良いでしょう。

しかし本書では、もうひとつの楽しみ方をぜひ、お勧めしたいと思います。それは、目次を見て、11の章タイトルを眺めて、今のご自身に最もしっくりきた金言のページを読んでいただく方法です。まずは下に章タイトルをざっと並べてみたので見てみてください。

「いまの仕事のまま続けていていいのだろうか」「いっそのこと、業界を変えて転職したほうがいいのだろうか」…どの年代でもどの時代でも仕事の悩みが尽きることはありません。そんなときは4章「仕事との向き合い方に迷ったとき」を見てみてはどうでしょうか。

また、仕事の人間関係だけでなく、友人とでも恋人とでも家族でも、人間関係に悩んでしまったときは、6章「人との関係に悩んだとき」の金言を読んでみましょう。

日本人とは違った、新しい視点から、あなたの悩みを解決してくれるような、または「悩んでいるのがばかばかしくなった」と思えるような金言と出合えるはずです。

［章タイトル一覧］

1章 ―― ネガティブ思考から抜け出したいとき
2章 ―― ポジティブになりたいとき
3章 ―― 愛と感謝の勧め
4章 ―― 仕事との向き合い方に迷ったとき
5章 ―― 心の癒やしが必要なとき
6章 ―― 人との関係に悩んだとき
7章 ―― 生き方に迷ったとき
8章 ―― 積極的な生き方の勧め
9章 ―― 努力と行動の勧め
10章 ―― 不安や苦悩、焦りを抱えているとき
11章 ―― 未来を見つめ今を生きることの勧め

本書は、そのときの自身にあった金言に出合える楽しみ、そして心の支えになるような金言に出合って心が楽になる喜びを感じることができるのはもちろんですが、それと同時に、アメリカン・スピリットを学ぶことができる一挙両得の1冊と言えます。つまり、人生を前向きにするという直接的なメリットがあるだけでなく、アメリカ的思考や歴史も同時に学べて教養を身につけることができるというメリットもあるのです。

日本とはまったく異なる歴史を持ったアメリカという国で生まれ育った人たちから生まれた金言だからこそ、日本人にはない発想や視点の言葉の数々に、ハッとさせられることも多いはず。本章に入る前に、いくつかアメリカ人らしい発想の金言を紹介します。

2章「ポジティブになりたいとき」の015日目からの金言。いま、自身が辛い逆境にいると思う人、辛い時期にいると思う人にはぜひ、知ってほしい金言のひとつです。

人生がレモンを与えるなら、
レモネードをつくれ。

この金言が、アメリカ人らしい（もっと言うと英語圏の人の発想らしい）点は、人生の辛い時期や逆境を「レモン」に例えている点。

そのすっぱくて食べにくいレモンに「甘さ」を加えて、おいしくて爽やかなレモネードにしようと言っているのがこの金言です。そして、おいしくて爽やかなレモネードこそ、辛い時期や逆境とは反対の、楽しくて「おいしい」時期のこと。さらに、レモンに加える「甘さ」は自分自身のポジティブな力のことを指しているのです。この「自分自身のポジティブな力」で変えようという発想も、非常に自発的な考え方で大きな力強ささえ感じられます。

最後に、実はレモネードは多くのアメリカ人にとって子ども時代を思い出させる飲み物です。そういった文化的背景がある点も、アメリカ人らしい金言と言えます。なぜレモネードが多くのアメリカ人に子ども時代を思い起こさせるかは、本書のTipsでぜひ、確認してみてください。

序章 なぜ今、アメリカの金言なのか？

1章 ネガティブ思考から抜け出したいとき

5章 心の癒やしが必要なとき

7章　生き方に迷ったとき

9章 努力と行動の勧め

11章 未来を見つめ今を生きることの勧め

序 章

なぜ今、
アメリカの金言
なのか?

そもそも金言とはなにか

みなさんは、ここ数年の世界的な価値観の変動、社会や経済の混乱の中、どのような気持ちで日々を過ごしているでしょうか？嘆き悲しんだり、世をはかなんだり、絶望したりしている人も多くいらっしゃるのかもしれません。明日の暮らしへの希望をなかなか見つけられない人、家族関係や、友人とのあるいは職場での人間関係に悩む人、病気や失業に悩んでいる人もいるかもしれません。

しかし、そんなときにも、だれかのなにげないひとことが自らを元気にしてくれたり、安心させてくれたりしたという経験をもっている方も少なくないはずです。もちろん言葉は、人を攻撃するものでもありますが、人を慰め、人に優しさや希望の光を届けてくれるものでもあるからです。そして、そういった言葉の中には、人生の指針として常に念頭に置いておきたいと思うほどすばらしいものも数多く存在します。

そのような、**光り輝く私たちをネガティブからポジティブへと誘ってくれる特別な言葉を、私たちは「金言」と呼んでいます。私たちが社会の中で生きていく上で大切にすべき処世の秘密を教えてくれる言葉。それが「金言」なのです。その秘密の言葉から私たちは勇気をもらい、困難を乗り越える指針を見いだすことができるのです。**

なぜ今、アメリカの金言が必要か

私たち執筆陣は、いまこのときほど金言が必要な時代はないのではないかと考え、本書の企画を検討し始めました。本書を通して多くの読者が金言から心の糧を得、明日への希望を見出してくれないものかと考えたのです。そして、私たちは前向きで、目標に向かえばしっかりと歩を進め、可能性を追求しようとするのが大好きで、大得意な国であるアメリカの人々が愛して止まない金言をみなさんに紹介することにしました。

アメリカには、私たちの視点を一変させ、私たちを否定から肯定へ、絶望から希望へ、敗退から勝利へと導いてくれるような金言があふれているのです。特に私たち日本人は恥ずかしがり屋で控えめです。目標を自ら大声で叫んだり、自ら声を大にして自由を叫んだり、悲しみの理由をだれかと分かち合ったりすることが苦手です。勤勉で内にこもってしまいがちな国民性の国なので、ポジティブ思考をただの楽観主義と蔑んだりする風潮もあるのかもしれません。**私たちは知らないうちに生活や思想を硬直化させ、自由な思考や発想から自らを遠ざけてしまっているかもしれません。そんな私たちには、いまこそアメリカ的な冒険心と反抗心、楽観主義と前向きな姿勢を、学び直してみるべきだ**と私たち執筆陣は考えたのです。

イングランド王の弾圧を受け清教徒のピルグリム・ファーザーズがメイフラワー号でアメリカに渡った当初から、アメリカの歴史は冒険と苦難、反抗と戦い、絶望と希望に満ちあふれていました。彼らはその歴史の中から、自らに必要な多くの言葉を、そして自らの大いなる自由を勝ち取ってきたのです。ここで少し、アメリカの歴史とその「金言」の歴史を眺めてみることにしましょう。

アメリカでは独立戦争から金言に彩られていた

「我に自由を与えよ、さもなければ、死を与えよ」。これは、1775年に**パトリック・ヘンリー**が行った演説の中で、結びに登場した有名な言葉です。この言葉のおかげで多くのアメリカの入植者がイギリスの支配に反対するように鼓舞されました。

アメリカ独立戦争は多くの人の記憶に残る時代として引き合いに出されます。**ネイサン・ヘイル**は、イギリス人に絞首刑にされる前、**「自分の国のために失う命が1つしかないことを後悔しているだけだ！」**と言いました。その歴史の初期から、アメリカ人は多くの「名言、金言」に触発されてきたのです。

また、アメリカの創設者の1人である**ベンジャミン・フランクリン**は、彼の賢明な、時にユーモラスな格言で有名です。彼が出版した「貧しきリチャードの暦」という名の生活暦にはいくつもの格言が収められています。250年たった今日でさえ、**「早寝早起きは人を健康で裕福で賢くする」**、**「1ペニーの節約は1ペニーの儲け（ちりも積もれば山となる）」**など、彼のもっとも有名な格言に出会うことはしばしば。信頼できるリーダーからのこうしたアドバイスの言葉は、**反抗的な入植者の国から世界初の近代デモクラシー国家へとアメリカが成長するにつれて、アメリカ人に自信と尊厳とを与えた**のです。

西部開拓時代〜公民権運動まで、金言がアメリカ独自の価値観を培った

アメリカの全歴史を通して、国の発展を象徴する金言の数々が現れました。アメリカ人が西部を開拓していったアメリカのフロンティア・スピリットの時代には、**Go West, young man!「若者よ、西へ向かえ！」**というスローガンが、多くの若いアメリカ人を鼓舞しました。

リンカーン大統領は南北戦争中、彼のもっとも有名なゲッティスバーグの戦いにおけるスピーチの中で、アメリカの統治をほめたたえるために、**government of the people, by the people, for the people「人民の人民による人民のための政治」**というフレーズを生み出しました。

また公民権運動の時代、マーティン・ルーサー・キングはI have a dream「私には夢がある」というフレーズを9回も繰り返し、**いかなる差別にも左右されない自由で平等な社会の重要性をアメリカ国民の心にしっかりと刻みつけたのです。**結果、このスピーチは歴史上もっとも有名なスピーチのひとつとなりました。

こういった有名なフレーズに共通するテーマ——それらはもちろんアメリカの歴史の重要な部分ですが——には**勇気、犠牲、楽観、向上心、公正と公平への意欲、勤勉、リスクを取る価値の認識などが含まれています。**当然のことながら、こういったテーマは本書の中にも散りばめられており、本書のすべてのフレーズを概観することで、**前進しようとするアメリカン・スピリットや、苦難に直面しそれを乗り越えようとする決意、新たなものを創造しようとする意欲といったアメリカ人のアイデンティティーがみなさんにもしっかりと伝わってくるはずです。**

多くの偉人の口から金言が生まれ、多くの人々の心を揺さぶってきた

アメリカ人は長い歴史の中でずっと「知恵の言葉」によって新たな発想を得ながら、想像力を働かせてきました。アブラハム・リンカーンやトマス・ジェファーソン（Never put off till tomorrow what you can do today.**「今日できることを明日に延ばすな」というフレーズで有名）**のような政治家から、ヘンリーフォード（Anyone who stops learning is old, whether at twenty or eighty. Anyone who keeps learning stays young.**「20歳であれ80歳であれ、学びを止めた人は老人だ。学び続ける人は若くあり続ける」**）やトーマス・エジソン（Genius is 1% inspiration and 99% perspiration.**「天才は1%の閃きと99%の汗である」**）、アンドリュー・カーネギー（Do your duty and a little more and the future will take care of itself.**「自分の義務よりもう少し多くを行え。そうすれば将来は自ずと開ける」**）のような起業家、さらにはベイブ・ルース（You just can't beat the person who never gives up.**「諦めない人を打ち負かすことなどできない」**）、マイケル・ジョーダン（Talent wins games, but teamwork and intelligence wins championships.**「才能は試合を勝利に導くが、チームワークと知性こそが優勝を勝ち取る」**）のようなスポーツ界のヒーローまで、多くの有名人たちが言葉によって自らを鼓舞し、その言葉がさらに多くの人々の人生の原動力となってきたのです。

また、これらの多くを成し遂げた人々も、彼らの言葉を人々が聞くことや、何百万、何千万もの人々の心を揺さぶることを知っていました。ですから、彼らは自身の言葉を十分注意深く選び、自らの思想や考えを大衆に向かって発信していったのです。**多くのアメリカの金言は、自らの誇りや矜持によって生み出されたと言っても過言ではないでしょう。**

アメリカの文化はスローガンやモットーにあふれています。おそらく、アメリカで大きく開花した広告産業もアメリカ人に大きな影響を与えたことでしょう。広告はアメリカ人に短い言葉の中に多くの意味を見いだすことをトレーニングしてきたのです。例えば、ナイキの有名なキャッチフレーズ Just Do It.「やるしかない！」もその一例です。もちろん、どの国の文化にもスローガンやモットーは含まれていますが、それらがアメリカ文化に与えた影響は非常に大きなものであったし、いまでもそうあり続けているのです。

アメリカは楽観的で
ポジティブな価値観を掲げる国家だ

アメリカが建国の当初から非常に楽観的で前向きな国家であったことを理解することも、非常に重要です。力と粘り強さをして困難と闘うことができることを、フロンティア精神がアメリカ人に教えたのです。ポジティブ・シンキングはアメリカ文化の中では半分宗教と言えるほどのものになっています。子どもたちも、親や先生、メディアなどに、夢を大きく持つこと、諦めないことなどを教わり勇気づけられ、前向きな姿勢や楽観的な生き方を教え込まれていくのです。

その結果、アメリカでは、あらゆるところでスローガンを見つけることが可能です。スローガンは学校の教室の壁、オフィスの仕事場に掛かっているカレンダーにも見つかります。アメリカ人はTシャツにまでポジティブなメッセージを載せてしまいます。**アメリカ人は大の「金言好き」と言ってもいいでしょう!**

アメリカ人はまた非常におしゃべりな国民として知られています。ほとんどの人たちは自分自身のことを話すことに躊躇がありません。日本人とはほぼ正反対に、スーパーの会計の列にいる知らない人にまで、自分のことを事細かにしゃべったりもしてしまうのがアメリカ人です。アメリカ人は「自分はいま苦しんでいる、自分はいまなにかにチャレンジしている、いま戦い続けていて決して諦めたりはしない」などといったことを**人に伝えることで、互い同士がつながっていくのです。このような感覚はアメリカの文化にがっしりと組み込まれていて、異なる人種、異なる背景、異なる経済状況にある人々を結びつけるのです。**

目的意識と前進する力が
アメリカを勇気づけ市民を鼓舞する

アメリカの文化でもうひとつ重要なことは、アメリカ人は非常に目的意識が高いということです。ゴールを目指して突き進むのがアメリカ人と言えるでしょう。アメリカ人はクリアな目標を定めたら、ゴー

ルを達成するためのプランに従いながら進んでゆきます。ジョン・F・ケネディーは人類を1960年代の末までに月へ送り込むという壮大な目標を立て、1969年にNASAはそれをやってのけたのです！ これによってアメリカ人には大きな確信が生まれたのです。**一見不可能に思えることでも、もししっかりとゴールを見つめ続け、やり通せば達成が可能であるという確信です。アメリカ人は、心を決めてゴールに突き進むことの中に、多くのポジティブなメッセージを見いだします。そしてこれは、1本の道をまっすぐ進んで旅していくイメージとして多くのアメリカの金言の中に登場するのです。**

それらすべての理由から、**アメリカ人を勇気づけ、アメリカ人にインスピレーションを与え、否定的な事象や悲しみから立ち上がるのを助けてくれるポジティブな金言が、アメリカ文化の一部となったのです。**これは、アメリカのポップミュージックやテレビの人気番組、あるいはハリウッドの人気映画がアメリカ人を勇気づけてきたのと同様です。アメリカ人は音楽の1フレーズや映画の名ゼリフを覚えるのと同様に、心の中にポジティブな金言をたくさん携帯しているのです。そしてすばらしい多くの金言たちは、アメリカ人の生活に大きな意味を付加してくれていると言えるでしょう。

困難な時代にこそ金言を活かそう

困難な時代にこそ、アメリカ人たちの金言は活きてきます。下を向いている人には前を向けと声を掛けてくれる金言、滞ったら前に進めと伝える金言、ネガティブからはなにも生まれないと勧める金言、目標を決めたら突き進めと勧める金言、悩んだときには視点を変えろと教えてくれる金言、人生の中には多くの意味があると雄弁に語る金言などなど——本書はみなさんの日常生活に非常に有益な金言にあふれています。

ぜひとも1日にひとつ、自分の状況や考え方を変え、未知の可能性を与えてくれるかもしれない金言を読んでみてはいかがでしょうか？ 本書を読み終える頃には、みなさんもきっとアメリカ人のポジティブな思考や勇気に触発され、大きく生き方を変えているかもしれません。辛い状況にいる人に声を掛けてあげるときに、本書の金言を使ってみてもいいでしょう。だれかに優しくしてあげることも本書の金言のいくつかが、教えてくれています。

さあ、私たちといっしょに、多くのアメリカ人たちが紡いできた数多くの金言の世界を楽しんでみましょう。

2021年元旦
執筆者一同

1 章

ネガティブ思考から抜け出したいとき

001 日目

雨を心配しても花は育たない。

心配しても雨が降って
花が育つわけではないということ。
心配するよりも他のことにエネルギーを注ごう。

Worrying About Rain Doesn't Make the Flowers Grow

私たちの多くは結果を気にして多くの時を過ごすが、心配すれば結果が変わるわけではない。心配が問題を解決してくれるわけでもない。この金言で言えば、心配すれば庭や農園に「雨をもたらす」わけではないということだ。つまり心配することは、まったくもって非生産的な行為。心配するよりも、心理的にネガティブなエネルギーを取り除き、代わりに目標達成に役立つ可能性のある何かをすることにエネルギーを使おう。そうすれば、はるかに幸せになれるはず。たとえ何もやれることがなかったとしても、心配するより物事の推移を見守るほうがずっと良い。

Tips　英語には雨に関するたくさんの比喩があり、多くの場合、悲しみや不幸せな日々、失望などを表す。しかし、農業にとって雨は非常に重要な役割を果たす。この金言は雨が物事を育むのにいかに大切かというポジティブな面にフォーカスしている。また雨が自然の一部であることも強調。私たちは雨を降らせることはできないが、予測可能な自然のサイクルによって雨を期待することはできるのだ。

002 日目

大木も小さな種から始まる。

「小さな」種を育てて大きな木に変わると信じよう。
Giant Trees Begin as Tiny Seeds

高さ数百メートル、重さ数トンにも成長する大木でさえ、2本の指で簡単につまめるほどの種から始まる。つまり、少ない起業資金やアイデアだけで、スタートが小さかったとしても心配することはないと助言している。まさに若い発明家のガレージ内から始まった多くの巨大企業のように、初めは取るに足らないものが巨大になることはあり得る話なのだ。自分や自分のアイデア、自分の環境などが「小さい」と思うときは、小さな種こそ、最大の木が育つために不可欠なものだったことを思い出そう。

Tips この金言の効果は「巨大な」と「小さな」という対義語の並列にある。文中にそれらを配置することで、非常に覚えやすく、インパクトのあるフレーズになっている。

003 日目

褒められることはプレッシャーではない。

褒められたら素直に受け入れよう。

Praise Isn't Pressure

友人や家族や職場の同僚に褒められると、そのレベルを維持するように、または次はもっと上手くやるようにと、プレッシャーを感じる人がいる。しかし、それは褒められることに対する誤った捉え方。褒めているのは「要求」しているわけではなく、誰かがしたことに対する感謝や評価を表しているだけだから。

人からの褒め言葉は素直に受け入れ、自分で自分を褒めることも忘れないようにしよう。そこにプレッシャーは存在しない。

Tips　この金言はわずか３つの短い語（しかもたった４音節）なので、各々の響きが非常に重要。特にpraiseとpressureのprの音の繰り返しが、このフレーズを頭に飛び込ませ、留めるようにしている。

004日目

恨みを持ち歩くと人生は重苦しい。

恨む気持ちから解放されれば、心が晴れる。

Life Feels Heavy When We Carry Grudges Around

人生は時に重たく感じるが、それは役に立たないエネルギーを持ち歩いているから。そんなエネルギーは捨て去ろう。恨みは最も不要なエネルギーの1つで、恨みを捨てることは「重荷を軽くする」のに最良の方策の1つだ。恨みを持つということは、同時に相手を許すことを拒否し、いつか仕返ししてやりたいと望むネガティブな気持ちを抱えて生きているということ。気持ちをもっと朗らかに軽くするために、恨みを持つのをやめよう。

Tips 欧米文化は競争に価値観を置き、ビジネスでもスポーツでもあらゆる競争で「仕返し」をしたいという欲求がある。スポーツでは、一方が他方をひどく打ち負かした後に再び、その両ライバルが相まみえるのを「グラッジ・マッチ」と言う。これはファンにとってはたまらない展開だが、日常生活において「恨み」は固執するものではないと、この金言は語っている。

005日目

空ははるか彼方にあるように見えるかもしれないが、それは常に触れるところにある。

手に届かないと思っているもの（空）も
見方を変えれば自信がつく。

The Sky Might Look Like It's Far Away,
but You're Always Touching It

空は私たちの周りすべてにある。空は地球上の「天井」のように思われるかもしれないが、空とは実は大気のことだ。つまり私たちは常に「空中散歩」をしている。こう考えれば、夢や野望、人生最大の目標といったはるか彼方にあると思えるものの多くが、実は常に身近にあるとも言えるだろう。常にそれらに「触れている」と考えると、もっと楽観的になって自信を持つこともできる。

Tips 空を夢や野望に例えた比喩が、教訓的で素晴らしい。空を見上げると、それはとても手の届かないところにあるように見えるが、認識をちょっと変えて、「空」は自分の周りすべてにあると考えればいい。同じことが夢や目標にも当てはまる。どちらの場合も自分の認識次第なのだ。

006日目

庭の手入れをしなさい。
根を雑草で抑えつけては、
花は咲かない。

「雑草」は心の中のネガティブなものを
総称して例えている。

Tend Your Garden. Your Flowers Can't Bloom
If You Let Weeds Strangle Their Roots

この金言はネガティブな考え方を雑草に例えている。ここでの「庭」とは自分の人生のことだ。たびたび頭の中にはびこるネガティブな考え（自分は能力がない、ついていない、負け犬だ、など）は、美しいものの成長を妨げる雑草のようなもの。自分の心を「雑草」ではなく、自らが支配する庭として扱うようにする必要がある。ネガティブな考えが浮かんだら、それを「引っこ抜く」ために常に立ち向かい、取り去らなければならない。そうすれば、自分自身への愛しい、肯定的な励ましの気持ちが繁茂するはずだ。

Tips ネガティブな心のつぶやきへの対処法は、自己救済やモチベーション訓練において1つの（または、おそらく最も）重要なコンセプトだ。この金言のように、ネガティブな考えを雑草に例えることは極めて効果的で、究極的には自分が「庭師」として雑草を心から根絶やしにする力を持っていることを強調している。

007 日目

他人の偉業に気後れしてはいけない。
そこから勇気をもらうのだ。

ものの捉え方によって考え方や受けとめ方が変わる。

Don't Be Intimidated by Another's Greatness.
Be Inspired by It

他人の偉業に気後れして自分の業績を小さく思ってしまえば、嫉妬心と自己不信だけが残ってしまう。だから他人の偉業に全く違った見方をしてみよう。より高い目標を達成するために、そこから勇気をもらい、今持っているスキルや能力でベストを尽くせば良い。世界の「偉人たち」は自分を小さいと思わせているのではなく、自分を導いてくれているのだ。

Tips　ネガティブな見方からポジティブな見方にスイッチする発想の転換については多くの格言がある。その代表的なものが、楽観主義者はグラスが半分満たされていると思い、悲観論者は半分空になっていると思うというもの。この金言も同じタイプで、どのように考えるかによって名声や成功などをポジティブにもネガティブにも捉えることができる。

008日目

壊れた時計でも1日2回は正しい時を刻む。

どんなものに対しても常に
価値やポジティブな側面を見つけよう。

Even a Broken Clock Is Right Twice a Day

とてもユーモラスな表現。もはや動かなくなった時計でも、ある一定の時刻で止まっているということは、1日に2回、午前と午後に止まっている時刻が正確に巡ってくるということ。いつも悪いというものはない、いつも悪人という人はいない、「壊れている」と見えるものでも何らかの価値がある、という考えを促している。ポジティブな考え方を養い、自分自身や自らの状況、他の人たちの明るい面を見ようと呼びかけている金言。

Tips デジタル式の時計は午前3時15分を03:15、午後3時15分を15:15と表示するので、アナログ式の時計をあまりしない若い人たちにはこの金言にあまりピンとこないかもしれない。今回の格言が古い表現なのは確かだが、願わくは将来的にもずっと残ってほしいものだ。ユーモラスなだけでなく、実際、とても深いことを語っているからだ。

009 日目

人生はNOを聞いた回数で決まるのではなく、YESと言った回数で決まる。

「拒絶」に悲観するのではなく、
前向きなことに目を向けて生きる原動力にしよう。

Your Life Is Defined Not by the Times You Heard 'No' but by the Times You Said 'Yes'

拒絶されるのは辛いことだ。仕事や恋愛関係で拒絶を受けることは少なくないだろう。そんなときは世の中全体が非協力的に思え、自分の夢など決して実現しないなどと思いがち。まさしくNOと言われ続けているようなものだ。

しかしこの金言は悲観するよりも、代わりに自身の前向きな能力に集中せよ、と言っている。私たちは非常に多くのことにYESと言うことができる。新しいアイデア、新たな人間関係、新しい仕事、新しい趣味などなど。YESと言えば、新しい物事が次から次へとやって来る。それが人生を生きる力の根源だ。

Tips　2つの二重性(hearとsay、yesとno)を活用している点で巧みな表現。二重性は欧米的思考では極めて重要なコンセプトで、対義語を比較・対照する手法は励ましの格言で非常によく見受けられる。だが概して、用いられるのは1つだけであり、今回のような見事な組み合わせで2つも用いている金言は特に絶妙。

010 日目

人間は自分の最良の友にも最悪の敵にもなれる。あなたはそのどちらになるだろうか。

自分を責めて敵になるのではなく、
自身を愛して親友になるべき。

You Can Either Be Your Best Friend or Your Worst Enemy
Which Is It Going to Be?

時々、他人が自分についてネガティブなことを言っているのを耳にすることがあるだろう。しかし、自分が聞くネガティブなメッセージの大半（おそらく95％以上）は自分自身が原因である。誰もが自身の最悪の批評家であり、自分にひどくあたってしまうこともある（例えば「また失敗した！」「自分は負け犬だ」「なんでこんなにバカなんだ」などと自責して）。

だが、自分自身について思うネガティブなことを他の人に言ってはならないし、自身の親友になるよう努力しなければならない。自分こそ生涯付き合っていく相手であり、自分との関係は最も重要な人間関係だ。フレンドリーで愛のこもった関係にしよう。

Tips　自分が自身の最悪の敵になるという考え方はとても古くからある。人類はずっと、なぜこんなにネガティブな声が頭に響くのだろうと自問してきた。一方、自身の親友になるという考えは、より最近のものだ。20世紀初期の心理学や精神医学の大きな発達が、この概念を広めるのに役立った。

011 日目

今日とは昨日あなたが心配していた明日だ。

心配は無駄な行為。
心配しても時が経てば忘れているのだから。
Today Is the Tomorrow You Worried About Yesterday

私たちは何度も、起こってもいないことを心配する。だが、心配していたことが起こったとしても、たいていは翌週か翌月くらいまでに完全に忘れている。そして他のことを心配し始める。以前に心配していたことを忘れているのに。これは、おかしい話ではないだろうか。精神的なストレスを生み出すだけだろう。

一方で、人生は毎日続いている。様々な困難に立ち向かいながら。私たちにはそれを乗り越えるだけの力や知略がある。心配は何の役にも立たない。不安な気持ちを追いやることに尽力しよう。

Tips　この金言を記憶に残るものにしているのは、「今日」「明日」「昨日」という3つの日の使い方。非常に効果的に、いかに毎日がある時点でそれぞれ存在するかを示している。2日前、(今から見た)「昨日」は「明日」だった、というふうに。これによって、人生は続いていき、心配し過ぎるべきではないという視点を与えてくれている。

012 日目

悪い心構えはパンクしたタイヤと同じ。交換するまでどこにも行けない。

前に進みたければ、ネガティブ思考から脱出しよう。

A Bad Attitude Is like a Flat Tire.
You Can't Go Anywhere Until You Change It

誰もが経験があるけれども好きではないことに関する比喩を活用している、ユーモラスな表現。自転車でも車でも、パンクはすごく厄介だ。私たち自身のネガティブ思考も同じように厄介。前進するのを妨げてしまう。場合によってはタイヤを交換するのが必要なように、人生を先に進めていくためには考え方の変換も必須だ。

Tips 道や旅の比喩を用いているポジティブな格言は多い。今回のものは、その比喩を使ってパンクという非常に日常的な要素を持ち込んでいるのが、面白くて愉快。道が人生の優れた比喩として作用するのと同様に、パンクも私たちを立ち往生させるもの、すなわちネガティブ思考の比喩として効果的だ。

2章

ポジティブになりたいとき

013 日目

1年は365回のチャンスだ。

1年は365回の機会と欧米人は考える。
こう考えるから、欧米人は前向き思考が多い。

1 Year = 365 Opportunities

1日を何かを成し遂げるための1つの機会だと捉えれば、1年には365回もの新しいチャンスがあることになる。毎日の可能性をいつも思い出そう。そう考えているから欧米人は毎日前向きでいられる人が多いのかもしれない。

Tips　これは数字を効果的に使っている好例。有名な本『世界がもし100人の村だったら』のように、簡単な数字を使っており、私たちがイメージしやすい金言となっている。つまり、1年が365日なのは当たり前だが、「日」を「チャンス」と置き換えることで強く私たちを鼓舞してくれるメッセージとなっている。

014 日目

「不可能」と考えられるもののリストは しばしば短くなるが、 決して長くはならない。

「できない」ことが「できる」ことに変わるのは
歴史が証明している。

The List of Things Considered 'Impossible' Has Often Grown Shorter, but Never Grown Longer

かつて「不可能」と考えられた多くのものが今では日常生活の一部だ。ライト兄弟が証明して見せるまで人間が空を飛ぶことなど「不可能」と考えられてきた。「不可能」と思われた多くのことが、それに挑もうと決意した人々によって、「不可能ではない」と示されてきたのだ。あなた自身の周りで「不可能」と思われることは何だろうか。ライト兄弟のようにその認識にチャレンジしてみてはいかがだろう。それは「できっこない！」から「できたぞ！」に変わるチャンスかもしれない。

Tips　私たちを歴史的なものの見方に誘い、人間が成し遂げてきたあらゆることを考えさせるという点において、このフレーズはパワフルだと言える。そこから私たちは自身の「歴史」をおさらいし、初めは「不可能」だと思われたことを成し遂げられたときを振り返ってみたいと思うかもしれない。この金言は、（歴史における）人間の精神を総体的に称賛することから始まって、私たち自身にフォーカスを当て戻している。

015 日目

人生がレモンを与えるなら、レモネードをつくれ。

ネガティブなことは自分の力で「甘さ」を加えて
ポジティブに変えよう。

If Life Hands You Lemons, Make Lemonade

英語圏の者なら誰もがなじみのあるユーモラスな金言。よくできている比喩表現だ。すっぱくて食べにくいレモンを人生における辛い時期や逆境に例えている。誰も欲してはいないが、避けては通れないものということだ。一方、レモネードはおいしくて爽やか。つまりここでは、ネガティブなことへの最善の対処法とはネガティブなものをポジティブなものに変えることだ、と諭している。自分自身のポジティブな力で「甘くする」のが肝要なのだ。

Tips この表現の魅力的な点の1つは、子ども時代を思い起こさせてくれることだ。夏のある日、近所の人たちにレモネードを売って小遣いを稼ごうとする小さな子どもたちの姿はアメリカの小説や映画、広告、コミックなどによく登場する。無邪気な子どもらしい熱心さが、この金言にも巧みに含まれている。

016 日目

カメラになって美しさにフォーカスせよ。

注意力をポジティブなものに向けて
思考もポジティブに変えよう。

Be a Camera; Focus on Beauty

カメラは「注意力」をうまく例えた比喩だ。この世界は、不安に思うネガティブなものから喜びを感じる美しいものまで、注意を引く様々なものであふれている。才能ある写真家が愛おしい被写体にフォーカスすることを習得するように、注意力をポジティブなものに集中させることを身につければ、世界はもっと明るくハッピーなものに見えることだろう。

大切なのは、世界は自らの選択と責任次第で明るくポジティブものに変えられるということ。

Tips　ポジティブシンキングの重要な要素は注意力だ。悲観論者はネガティブで悲観的なものに注意を払いがち（醜いものばかりを撮る写真家のように）だが、楽観主義者はポジティブで有望なものに注意を払う（美しい被写体を見つける写真家のように）。人生についての重要なメッセージを伝えるのに、身近でありふれたもの（カメラ）を効果的に使っているフレーズ。

017 日目

人生は書きかけの本だ。
次のページ、次の章に集中しよう。

人生を本に例える比喩はアメリカではよくある表現。

Your Life Is a Book Still Being Written.
Focus on the Next Page, the Next Chapter

人生を本に例えている素晴らしい比喩表現。書きかけの「本」には、これからまだまだたくさんのことが起こる。自分の「物語」は変えることができるし、「ハッピーエンディング」に導くこともできる。だが、すでに起こった「章」に集中していては、ストーリーを変えるのは難しい。

つまり過去にこだわっても何の助けにもならない。人生の面白い部分は、「書かれつつある」今現在と、「これから書く」未来なのだ。さて、あなたは今日、何を「書く」だろう。自身の物語をいかにより幸せで楽しく、よりエキサイティングな意味のあるものにするか。それはあなた次第！

Tips 人生を本や物語に結びつける比喩は一般的で、非常に効果的。歌やドラマでもよく見受けられる。未来はしばしば「空白のページ」に例えられ、私たちには好きなようにそれを「書く」力があるというわけだ。同じように、1人ひとりが自身の人生の「作者」であるとも言われる。

018 日目

若さは自分の気持ち次第。

年齢は関係ない。気持ちが大事。

You're as Young as You Feel

加齢は変えることのできない人生の一部だが、考え方次第で人生に大きな差が出る。常にアクティブに精神的に充実していれば、若い気分でいられるし、心が若ければ体もそれに反応して、若さを保つようベストを尽くしてくれるだろう。一方、「自分は老けた」とばかり思っていたら、精神的にも肉体的にも弱くなり、体もそう感じてますます衰えようとするかもしれない。すべては自分の心がけ次第だ。

Tips この表現は健康関連の広告や娯楽番組、雑誌記事などに多く登場する。SNSでも中高年層にはお馴染みのフレーズだ。同じように使われており、かつ非常に一般的な表現に「年齢は単なる数字である」がある。

019 日目

あなたは大海の一滴ではない。
大海全体だ。

自分は大海の一滴のようにちっぽけな存在だと
思っている人は見方を変えてみよう。
その一滴がないと大海も存在できないのだ。

You're Not a Drop in the Ocean; You're the Whole of It

何十億人の中で1人の人生は小さなものに過ぎないかもしれないが、1人1人の人生は他のすべての人生とつながっているということだ。

私たちが自身よりもはるかに大きな存在の一部であり、無力ではないと感じるには、大きな存在である「大海」を拠り所にすると良い。大海を満たすには水の一滴一滴が必要だし、砂浜は砂の一粒一粒でできている。すべてが大切なものであり、もちろん、あなたもそうなのだ。

Tips 欧米の哲学で重要な「全体論」に言及したフレーズ。全体論では、個々はより大きな全体に必須な構成要素ということになる。その最も有名な表現の1つが、ポピュラー・ミュージック史上屈指のヒット曲『ウイ・アー・ザ・ワールド』に込められている。

020日目

内なる光に目がくらむことはない。

自分自身を信じることには何の害もない。

The Light That Shines Within Does Not Blind

とても美しい詩的な金言。自身の内なる導きを恐れることはない。信じていいのだ。内なる英知はきらびやかには輝かないので、目がくらむこともない。つまり、自身の素晴らしさを信じることに害はないということだ。人は、強力な内なる英知を持つという考えに懸念を抱くかもしれない。だが、そう考えるのは自分をちっぽけな存在と感じることにつながるだろう。

この金言は、そんなことを心配する必要はないと述べている。内なる英知は自分が誰であるかをわかっている。友人であり、敵ではない。害を及ぼすこともないのだ。

Tips 161日目で紹介する「トンネルの終わりにある光」を扱った金言と同様に、「内なる光」という比喩を用いた表現。光と闇は、欧米の思考では最も際立った対比の1つで、善と悪、英知と無知との対立を表すのによく使われる。

021 日目

天才になる必要はない。日々をカウントするだけの数学の知識がありさえすれば。

特別な才能や知性ではなく、
日々に価値を見出すようなやる気が最も大事。

You Don't Have to Be a Genius.
Just Know Enough Math to Make Each Day Count

人は時々、自分は成功するほど賢くないのではないかと不安になる。様々な分野で成功した人々を見ると、自分の知性には限界があって、それが人生全般の成功を制限しているのでは、と思ってしまうのだ。だがこの金言は、そんなことは心配無用だと言っている。必要なのは、日々に価値を見出し、それを生かせる「賢さ」を持つことだけだ。誰にでもその能力はあり、特別な教育や高いIQは必要ない。やる気あるのみだ。

Tips この言い回しはcountという単語の使い方がユーモラスでインパクトがある。「数を数えること」はもちろん数学の最も基礎的な行為で、最初に学ぶことでもある。しかし、making something countは「何かを最大限利用すること」「何か（1日や機会など）から最大の価値を見出すこと」という意味。面白い言葉遊びが記憶に残る金言だ。

022日目

転んだら起き上がるのは、小さな子どもでも知っていること。

大人になって当たり前となってしまった大切でシンプルなことは子どもが教えてくれることも多い。

Even Little Children Know That When You Fall, You Get Up

人生をややこしくする必要はない。最も大切な人生の教訓は、最もシンプルで当然のことだったりする。例えば、小さな子どもはしょっちゅう転ぶ。そのたびに、泣くこともあるかもしれない。だが、すぐに再び起き上がる。子どもはそうすることで、自分を手助けしているだけでなく、皆に人生の成功への1つのカギを教えてくれてもいるのだ。転んだままでいるな、起き上がってまた頑張ろう、前進し続けよう、と。

Tips 子どもたちを見て学べることは実に多い。彼らは「幼い人間」なので、大人がもう忘れてしまったことや当たり前と思っていることを学んでいる最中。そんな子どもを見て人生の教訓を思い出してみようと促しているのが、この金言。

023日目

美しさは重要。美しさがなければ人生は無意味だ。

美しさは人生を豊かにしてくれる。
美しさを味わう時間を持とう。

Beauty Is Important. Without Beauty, Life Is Meaningless

美しさの感じ方は人それぞれだが、誰もが感じたことがあるものだ。それは歌や絵画、または海に沈む夕日だったかもしれない。自分の子どもや恋人の顔だったかもしれない。いずれにしても、美しさを味わうと人は気分が高揚する。たとえ一時であったとしても、人生の質は向上する。クジャクの華麗な羽や熱帯魚の模様を見ると、動物でさえ美しさを大切に思っているようだ。美しさは間違いなく、人生を豊かにするのに重要な役割を果たしている。そんな美しさの価値を味わう時間を持とう、と勧めている。

Tips　英語のbeautyは一般に目に見えるものについて言い、化粧品業界が「ビューティー産業」、美容室が「ビューティーサロン」と呼ばれたりもする。しかし、より深い意味もあり、それがこの金言が述べていること。「完全の域に近づく」または「理想に近づく」ものを意味しており、この考え方はアリストテレスの時代までさかのぼる。物理学者や数学者が万物を説明する「美しい」公式について語るとき、彼らは、このより深い意味を用いる。

024日目

最も幸せな人がすべてにおいて最良のものを持っているわけではない。なんとかしてすべてを最良のものにするのだ。

自分が今持っているものを
いかに「最良」にできるかが最も幸せになる方法。

The Happiest People Don't Have the Best of Everything;
They Make the Best of Everything

「すべてを持っている」ように見えるが幸せではないという人の話はよく耳にする。エンターテインメント界のスターなどはこの最たる例だ。個人的に激しい苦悩を抱え、中には悲劇的な最期を遂げる人も多くいる。

反対に、ほとんど何も持っていないのに大変幸せな人を目にすることもある。彼らがまさに「すべてを最良のものにしている」人たち。どうしたら自分はそのようにできるだろう。もっと感謝の気持ちを持って楽しむことができるようになる方法は何だろうか。この金言はそんな疑問を投げかけている。

Tips make the best of ...は「(好ましくない状況を)最大限に活用する」という意味。人生においてポジティブなものをフルに活用することができれば、常に満足はできるだろう。だが、物事を完璧な状態で活用することができなくとも、柔軟性を持って不完全な状態でも「最大限に活用(=make the best of ...)」できればそれで良い。

025 日目

自分を信じることは最強の「筋肉」。ただし、それを鍛え上げたならば。

小さなことから始めて、自信をつけるための
心の「筋肉」を鍛えよう。

Belief in Yourself Is Your Strongest 'Muscle.'
But Only If You Build It Up

私たちの多くは、生まれつき自信が持てずにいる。自信を失う出来事もたびたび起こる。そこで必要なのが自信をつける「エクササイズ」。スーパーモデルやボディビルダーが披露するための筋肉を鍛える必要があるのと同じように…。まずは過去に達成したこと（小さなことでも良い）のリストをつくってみてはどうだろう。鏡で自分を見て「君を信じているよ！」と言うのもあり。大事なのは、それを行う必要があるということ。

Tips 比喩としての体は欧米文化の重要部分（日本文化でもそうだが）。望ましい特性を「筋肉」と考えるのは、秀逸な比喩だ。エクササイズせずに強い筋肉を手に入れることはできないと誰もが認めているから。この金言は、心の「筋肉」にも同じレベルの献身と努力が必要なことを改めて教えてくれる。

026 日目

ドアを開ければ影はこぼれ出ず、光が降り注ぐ。

心の扉を開いて、人生を明るくしよう。

When You Open a Door, Shadows Don't Spill Out. Light Pours In

これは自然や物理のシンプルな事実。闇は外に漏れることはなく、光は内に入ってくるものだ。では、闇とはいったい何か。それは単に光の不在であり、言い換えれば光は実在、闇はそうでないと言える。そこで、この非常に自然な言説を自分自身の人生に当てはめてみよう。人生を明るくするために光（積極性、愛情、創造性など）を取り込めるようにする方法とは何か？ 心の扉を開けば、闇は光に抵抗せず、ただ存在することをやめるだろう。

Tips 英語でドアはよく比喩として使われる。「ドアが閉まれば窓が開く」という有名なことわざもある。英語話者はまた「チャンス到来(opportunity knocking)」についてよく話題にし、何かを成し遂げることを「戸口に(on the threshold)いる」と言う。解決策を見出すには「鍵を見つける(find the key)」必要があると言ったりもする。1つの状態から別の状態へ移行するのにドアを比喩として用いることは、英語において非常にインパクトのある方法。

027 日目

大望を抱く
自分の心のチアリーダーになれ。

自分自身を応援するチアリーダーになって
夢の実現を後押ししてみよう。

Be a Cheerleader to the Part of You That Dreams Big

トップアスリートや国のリーダーになるという大きな夢を持つことは、子どもにとって珍しくない。だが大多数はやがて、自身の夢をスケールダウンするのが現実的だと気がつく。しかし現実的になっても、夢を叶えたいと思う自分の心を鼓舞するのをやめる必要はない。自分自身を励まし、むしろ最大の夢に向かって自身を応援することを考えてみよう。そうすることで生まれる前向きなエネルギーは健康的であり、少なくともいくつかの夢の実現にもつながるかもしれない。

Tips 英語でcheerleaderはしばしば比喩的な形で使われる。例えば、職場では自分の考えの「チアリーダー」になってくれる同僚を探すことがあるだろう。ネガティブな意味では、偏向的なメディアの報道はニュースを公平に伝えておらず、政党の「単なるチアリーダー」に過ぎないと言ったりもする。今回の金言は、「自分自身のチアリーダー」になることを示唆している点で興味深い。

028 日目

笑えば世界も一緒に笑ってくれる。

笑顔を見せれば、誰もがそれに応えてくれる。

Smile, and the World Smiles with You

見知らぬ人でも笑顔であいさつすれば、たいていの場合ほほえみ返してくれるのは事実。笑顔には、ほほえみかけた相手の顔にも自らを再生産する力がある。この金言はこのことをさらに広く捉え、世界中が自分の笑顔にそれ自体の「笑顔」（楽しい経験という形）で応えてくれることを想像してみようと誘っている。美しく、ポジティブな発想だ。

Tips 今回の金言は時にWhen you smile, the world smiles back.「笑えば、世界が笑顔を返してくれる」とも表される。もっと長い、よりネガティブな次のような表現もある。Smile and the world smiles with you, cry and you cry alone.「笑えば世界も一緒に笑ってくれる。泣いても誰も一緒に泣いてくれない」。ここでは意味が全く異なっており、強調されているのは、誰かが落ち込んでいるときに同情を示すのがいかに難しいかということ。両方の表現（ポジティブな前半部のみとネガティブなフルバージョン）が広く用いられている。

029日目

世界を変えるために笑顔を使おう。世界に自身の笑顔を変えさせてはいけない。

笑顔というポジティブなエネルギーは
世界さえもポジティブに変える。

Use Your Smile to Change the World;
Don't Let the World Change Your Smile

「笑えば世界も一緒に笑ってくれる」という名言のバリエーション。自らのポジティブさを分け合って、それをさらに外の世界へ広げていこうと促している。大変前向きな表現であり、ポジティブなエネルギーは世界をより良いものに変える力があると語りかけている。この反対は、人生の試練に幸せを持ち去らせることだろう。笑顔がしかめ面に変わることだ。そこで、消極的であるよりも、積極的でポジティブでいようと励ましている。

Tips ご存知のように、笑うという行為は数多くの格言に登場し、自己救済やポジティブ思考の世界でとても顕著な役割を果たしている。SNSなどで皆が毎日使っているスマイルマークは1960年代前半、それとまったく同じデザインのボタンをシャツにつけるのがはやったことに由来する。そのバッジはアメリカの単なる一企業で士気を高めるものとして始まり、瞬く間に全国に拡散、数年後にはヒッピーファッションの重要なアイテムになった。これほどまでに急速に広まったという事実は、笑顔がいかにパワフルであるかをよく表している。

3 章

愛と感謝の勧め

030 日目

愛が世界を動かす。

よくある表現だが、日常の身近なことに
ふと目を向けさせてくれる金言。

Love Makes the World Go Round

愛は世の中で最もパワフルなエネルギーであるということだ。しかし日々のニュースを見ていると、世界を支配しているのは競争や欲望のように思えてしまう。

ただ、もっとよく目を凝らして、人々が家族や友人、そしてしばしば（善意の寄付のような）見知らぬ人にまで毎日示している多くの敬愛の行動を観察すれば、愛が万物の中心にあって世界を回し続けていることに気づくかもしれない。

Tips　動いている地球に思いをはせることは魅力的だ。エンジンのついた機械のように、太陽系や宇宙全体が作用しているとも考えられるのだから。この面白い金言は、愛を宇宙のエンジンを動かし続ける燃料のように思わせてくれる。そう考えると、この世界を幸せな経験ができるフレンドリーな場所として捉え直すことも可能だろう。

031 日目

寝る前に、
その日の実りを与えてくれた
1日に感謝しよう。

寝る前に、その日のことは過ぎ去ったことと割り切り、
明日に向かって日々感謝しよう。

Before You Sleep, Thank the Day
That Has Passed for All It Has Given You

毎日が同じというわけではない。良い日もあれば悪い日もあるが、1日が終われば、その日も終わる。その日の良かったことも悪かったことも、すべては過ぎ去ったもの。だから、その日に「さようなら、ありがとう」と言って、リラックスしてみよう。非常に辛かった日でも何か感謝できる部分はあるはずだ。少なくとも何とか乗り切って、今ここにいるのだから。自分の人生を運んでくれ、明日新たな経験をさせてくれる毎日に感謝するようにしよう。

Tips 良い眠りは非常に大切だが、多くの人は後悔や心配、不安な気持ちとともに夜を過ごしている。過ごしたばかりの今日1日を手放すことができれば、睡眠でのリフレッシュや明日への活力につながるのは間違いないだろう。

032日目

愛を選択せよ。選択を愛せよ。

自分の選択を信じ、突き進め。

Choose Love; Love Choosing

「愛を選択せよ」とは怒りや不安、非難、罪の意識といった低俗な感情よりも愛を選択するほうが常に良いアプローチであるということ。そして「選択を愛せよ」とは、人間として選択する能力というのは途方もない力であることを再認識してほしいという意味だ。人生は自分が下した決断で常に流れていくもの。誤った選択をするのが怖くて決断するのを恐れる人もいる。だが、選択という行為を愛し、その力を信じようと進言している。

Tips 単語をひっくり返して使っている、面白くもどこかミステリアスな表現。言葉の入れ替えというよくある修辞的手法を使っているコンパクトな金言。特にloveを名詞と動詞の両方で使っている点が効果的で、セミコロンの両サイドでその役割が入れ替わっている。結果として、たった2語の使用と再使用で2つの重要な教訓を導き出している。お見事!

033 日目

すでに手にしているものに
感謝の気持ちを持てば、
さらに何かを手に入れたとき、
どう感じたら良いかは
すでにわかっているだろう。

今、手にしていないものではなく、
手にしているものに感謝しよう。

Feel Grateful for What You Already Have.
That Way, When More Comes to You, You'll Already Know How to Feel

持っていないものを欲しいと思うことは人間として自然だ。そして欠けているものが手に入ったとき、人生がどんなに良くなるか、感謝している自分がいるか簡単に想像できる。

しかし、今、感謝の気持ちがないのに、将来的に感謝できるだろうか。まず、すでに手にしているものへの感謝を持つことが道理だろう。すでに手にしているものが人生を送る助けになっていると考えてみよう。そうすれば、より大きなものを手にしたときにどう感じたら良いかが正確にわかるはずだ。

Tips 感謝は自己救済の心理学や哲学で非常に重要なコンセプト。「感謝の態度」は幸せになるためのカギの1つとされている。すでに持っているもの(衣服や寝る場所、食べ物、おそらく友人や家族、晴れた日やきれいな夕日でもいい)に感謝することで感謝の気持ちを養おうというこの金言は、素晴らしいアドバイスだ。

034 日目

他の人たちを愛せよ。
私たちは皆、
ただ最善を尽くして生きている
1つの大きな部族なのだから。

世界中の人々は皆、同じ部族だと考えてみよう。

Love Other People. We Are All One Big Tribe of People
Just Doing the Best We Can

同情の念を持って他の人たちに接することを勧めている。人は誰もが必死に生きており、その意味では全員が同じ「チーム」に属し、同じ「部族」のメンバーだ。時に失敗し、たとえ周りの人たちがイライラするようなことをしたとしても、誰もが最善を尽くしている。

皆が共通する人間愛を通して他人とつながっていることを心に留めておこう。様々な課題があっても、互いに助け合い、愛を持って触れ合うのが一番。

Tips どこか愉快で、とても心地良い金言。世界には何十億もの人がいるので、「他の人たち」という概念は抽象的で、なかなか理解しづらいだろう。だが例えば、有名な本『世界がもし100人の村だったら』や有名なチャリティーソング『ウィ・アー・ザ・ワールド』などは、人と人との距離を縮め、よりつながりを感じさせてくれるものだ。

035 日目

愛することとはリスクを冒すことだが、それは取る価値のあるリスクだ。

相手にどう思われるかなどといったリスクを恐れず、誰かを愛せ。

To Love Is to Risk, but It's a Risk Worth Taking

誰かを愛するときはいつも、自身をリスクにさらすものだ。相手が自分を愛してくれないのではないか、いつか傷つけられるようなことをされるのではないか、といったリスクに。何十年も一緒にいる夫婦でさえ、やがてどちらかが先に亡くなるという痛みを知るだろう。だから、愛するということは確かにリスクのある行為だが、進んで取るべきリスクでもある。相手が友人であれ、恋人であれ、または動物であっても、自身に愛することを許さなければ、人生の最も素晴らしい経験を自ら思いとどまることになる。

Tips アメリカ文化にはどこか未成熟な部分があると指摘されてきた。明るい面を見るのに懸命になり過ぎている部分があるためだ。おとぎ話では王女は最終的に理想の恋人を見つけ、2人は「それからずっと幸せに暮らしました」となる。おとぎ話からハリウッドのラブロマンス映画まで、アメリカ文化の多くがこの誤った愛のイメージを発信しているのだ。より伝統のある成熟した文化は、愛がもっとリスキーで暗い面を持つという真実に向き合うことに抵抗がない。

036 日目

幸せな人が
感謝に満ちているのではない。
感謝に満ちている人が幸せなのだ。

感謝する気持ちを持てば、幸せになれる。

It Is Not Happy People Who Are Grateful.
It Is Grateful People Who Are Happy

自分がありがたいと感じられるような多くのことをしてもらった後に幸せがやって来るという考えをひっくり返している。代わりに、まず自らの態度から始めようと言っている。今すぐ人生の良いことに対する感謝の態度を養えば、幸せを感じ始めることができる。この幸福感は内面で大きくなり、将来さらに良いことがもたらされることにつながるだろう。そして、さらに幸せになれる。今すぐ行動を起こそう。

Tips 言葉を反転させて、いかに人々が幸せという概念を逆に捉えがちかということを示している点で、インパクト大。この表現が言葉を反転させているのと同じように、私たちも考え方を逆にして、より幸せになる方法を身につけることができる。

037 日目

与えたら忘れよ。
もらったら忘れるな。

日本でも似たような考え方があるが、欧米でも同じ。
してもらったことは忘れずに。
したことには見返りを求めない。

Give and Forget. Receive and Remember

人に何かをあげたら「忘れろ」、つまり見返りを期待すべきではないということを教えている。相手からの見返りなど気にせず、善意でただ与えれば良い。

一方、何かをもらった場合は、助かることをしてもらったのだから、感謝の気持ちを持ち続け、常に忘れてはならない。ただし、何かお返しをしなければならないということではない。常に人の親切をありがたいと思う心を持つことが大切だ。

Tips この表現は、与えることともらうことを別物と考えるよう助言している点が効果的。「与える」と「もらう」は対になる言葉で、合わせ鏡のようだからだ。一方に忘れることを、他方には覚えておくことを要求することで、各々の価値を端的に指摘している。与えることも、もらうことも素晴らしい人生へとつながっていく。

038日目

恩送りをせよ。

もらった恩は、してくれた人に返さなくてもいい。
他の誰かに恩を送ることで、親切を広げようという
欧米文化で非常に重要な考え方。

Pay It Forward

何かをしてくれた人には恩返しをすべきだと考えるのがふつうだが、人は常にお返しをしてもらいたいわけではない。むしろ何かしてくれた人は、ただの親切心で、何の見返りも期待していないことも多いのだ。そこで、人に何か良いことをしてもらったら、他の誰かに良いことをしようと考えるのはどうだろう。与えるという行為の拡張だ。自分の受けた親切を別の人に親切にする原動力にしよう。それが「恩送り」だ。

Tips この表現は、欧米社会で非常に重要な考え方を表している。例えば匿名性の高い「ランダムな親切」を行うことが大切とされ、道路の料金所などでは後ろの車の分の料金も払うことがあったりする。または、コンビニでコピーをとったらお釣りをわざと残しておいて、次の人の支払いの足しにしてあげることも。親切と寛容の波を、ラジオ波のように世界中に広げたいという考えから来ている。

039 日目

人に好かれようとするのではなく、あなたに好かれていると人に思わせることに注力しよう。

欧米文化では、好かれようとすることよりも、
相手に「好き」を表現することが大事。

Instead of Trying to Be Liked by People,
Focus on Making People Feel Liked by You

誰もが好かれたい、自分は好かれるタイプだと思いたがる。好かれるために、もっと印象的になったりアピールしたりしなければと思う人もいる。しかし、この金言は、人に好かれるのではなく、自分が相手を好きだと示すことに集中しようと言っているのだ。そうすれば、人は間違いなくあなたの周りにいたいと思うだろう。

例えば、ほほ笑みかけて、相手の言うことにはよく耳を傾ける。アイコンタクトをする。人の名前は忘れない。人の意見を尊重する等々。賢くなることも、見た目が良くなることも、カリスマ性を持つことも必要ない。

Tips 人に好かれるかどうかわからない個人の資質について心配する代わりに、ポジティブな行動を取ることを勧めている。人に好きだということを示せば、それを反映した結果が返ってくるというわけだ。このように、欧米文化では常に行動やポジティブなステップに重きが置かれる。

040 日目

トーチをリレーしても炎を失うことはない。

年を重ねても、世の中に貢献できることはたくさんある。

You Don’t Lose the Flame When You Pass the Torch

pass the torch は、「他の人に仕事などを引き継ぐ（トーチをリレーする）」という意味。火のついたろうそくは、その炎を火のついていないろうそくに移しても燃え続ける。つまり、私たちは年を取っても内部にまだ生命のきらめきがあり、貢献できることがまだたくさん残っているということ。年長者は、次の世代に一定の責任を受け継がせながら（トーチをリレーしながら）世の中に多くを提供し続けるのだ。

Tips　「トーチをリレーする」というありふれた表現に意味を加えた印象的な金言。リタイアする人や子どもの成長を見守っている親、もしくは年を取るのに寂しさを覚えている人全員にとって大きな励ましとなる。

041 日目

あなたの才能はベストなときの自分。その才能をシェアするとき、あなたは自身をシェアしている。

才能はギフトであると考えるのが欧米文化的考え方。
そのギフトに感謝しよう。

Your Gift Is You at Your Best. So When You Share Your Gift,
You Are Sharing Yourself

英語話者は音楽や芸術やスポーツの才能のことを「ギフト」という。その「ギフト」には多くの種類があり、私たち1人1人も少なくとも1つまたはそれ以上持っている。自分が上手にできることなら何でもギフトだ。だから職場や家庭で、または恋人と一緒にいるときなどに、上手にできることをするのは（ギフトを与えるのは）自分の最高の部分を他の人とシェアしていることと同じ。あなたのギフトは何で、それをどのようにシェアできるだろうか。ぜひ考えてみよう。

Tips 「ギフト＝（音楽や芸術、スポーツなどの）才能」を持っているという考え方は欧米文化では極めて大切。これは「与える者」（神など）という考えに基づいた強い欧米的概念と言えよう。天が人を祝福するために特定の技能や才能を授ける。それがギフトだ。しばしば花形スポーツ選手やトップ音楽家などはインタビューや授賞式でギフトに感謝を示している。

042日目

他人を幸せにすることで自分も幸せになれる。

普段とは逆の見方で
他人を幸せにすることを考えてみよう。
幸せを他人に分けたほうが自分も幸せになれるから。

You Make Yourself Happy by Making Others Happy

他人を幸せにすることに本当の幸せを見出している人は、幸せの特殊な「才能」がある。幸せを他人と共有して幸せを広げると常に幸せに包まれていられるとわかっている。

人を笑顔にする、元気づける、相手が自らを特別だと感じられるようにちょっとした手助けをする…こういったことが他人を幸せにする人の無上の喜びなのだ。自分に優しくするなということではなく、幸せは自分自身に留めておくよりも他人に分けたほうが、より幸せになれるという意味。

Tips この表現のインパクトは、一般的な考え方の逆を言っている点にある。普段私たちは他人が自分を幸せにしてくれることを願っている。だが逆に、他人を幸せにするという正反対の考えに立てば、人生に対して全く違った見方が開けるだろう。まるで別の世界に生きているかのように。

043日目

相手を許せば、自らも解放される。

傷つけられたり不快に思ったりしても
相手を許してみると、自分が楽になることもある。

When You Forgive Another, You Release Yourself

誰でも他人から不当に扱われた経験はあるはず。だが、傷つけられたことでその人を許さなければ、その怒りや恨みはすべて、相手ではなく自分が感じることになる。不寛容な姿勢は痛みの1つなのだ。許すことはそこから抜け出す方策だ。相手が許されるに「値する」ということではなく、自分自身のためにすること。許さないという姿勢からくる自身の痛みを癒すために許す。もちろん容易ではないが、自身の幸せには必要なことと考えよう。自分の気分が良くなる「利己的な」行いとして「許し」を捉えることもできる。

Tips 欧米社会において「許し」は非常に重要な意味を持つ。それがキリスト教の基礎にあるからだ。だが、これにはどこか「神聖」で「無私」という「許し」の考えが含まれているので、ある種の問題もある。幸い、20世紀に精神医学が発達したおかげで、「許し」はシンプルな自己回復法として知られるようになった。それは内面の痛みに終止符を打つ方法で、「神聖」なものではない。ただ、役に立たない感情を捨てさせてくれるのだ。

044 日目

過ちは人の常、許すは神の業《わざ》。

自分の過ちを認めれば
他人の過ちも認められるようになる。

To Err Is Human; to Forgive, Divine

アレクサンダー・ポープの詩に登場する非常に古くからある格言で、本書の中でも最古のものの1つだろう。だが今でもよく使われている。特に前半部分は、人間は誰でも間違いを犯し、人間とは生来完璧ではない存在という認識だ。

もし、このことを他の人たちにも認めることができるなら、過ちや心ない言葉、不誠実な振舞いなどを許すことによって「神のような」行いができるだろう。自分自身の人生の中で感心できない振舞いをしたときがあると認識すれば、相手に再びのチャンスを与えられるはずだ。

Tips とても古い表現なので文法が若干奇妙に思われるかもしれない。特に後半部のto forgive, divineに関しては、動詞と形容詞をこのように組み合わせて用いることは珍しく、大多数の英語のネイティブスピーカーがこの形を使うのは今回の金言を言うときのみ。

045日目

相手を押しつぶすのではなく、向上させるために自らの力を使いなさい。

自分の力の使い道について。その力で相手を傷つけるのではなく、相手を高められるように使おう。

Use Your Strength Not to Crush Others, but to Lift Them

強くなりたいと思うのは良いことだ。だが、極度に競争心の強い人々は、単に自分が相手よりパワフルだということを示すために、その力を欲しがっているように見える。肉体的または精神的に、人間は自らの力を他の人たちを傷つけるのに使うことができるが、それは一体どんな生き方なのか。「真の」力とは相手を強くするために自分から与えることができる何かだ。自身の力を相手がさらなる高みに到達する助けとして使えれば、世界に付加価値を与えられるだろう。

Tips 企業経営者や政治家、教師、医師など基本的に権威のある人々（親も！）にとって格好のモットー。そのような人たちは、自らの地位や力を賢く使う責任があること、またそのためには相手を高めることが最良の方法だということを再認識しておく必要がある。

4
章

仕事との
向き合い方に
迷ったとき

046 日目

最悪の事態に備えて計画を立て、最善を目指せ。

「最悪」を考えながら「最善」を尽くす。

Plan for the Worst, but Reach for the Best

この金言は私たちが人生に対してクリアで論理的なアプローチをするのに役立つ。私たちは事態が極めて悪い方向に向かった場合に備えて計画を立てる必要があり、それは例えば、災害用の緊急品を家に備えるようなもの。もちろん、そのような緊急事態を望んでいるわけではなく、まさかのときのために備えているだけだ。これが「最悪の事態に備えて計画を立てること」。

一方、そのようにしているときでも、良いことを想定することは可能だ。つまり、最悪の事態に備えつつも、最善のことが起こるようにベストを尽くすことはできるということ。いずれにしても、この金言は極めて賢いアドバイスと言えよう。

Tips ここでは反意語が効果的に使われている。反意語は欧米型思考の重要な一部分で、「二元的」(善・悪、富・貧困、暗・明など物事を2つの側面から見ること)な場合が多い。「最悪」と「最善」はまさに正反対なので、このフレーズのインパクトは抜群だ。

047 日目

成功するまで成功しているふりをしろ。

成功するふりをしているうちに、
本当に成功するということ。

Fake It Till You Make It

誰しも、初めは「成功する」のに必要なスキルがないため、成功している「ふりをする」だけかもしれない。しかし努力を続けるうちに、きっとうまくいくようになり、やがて「ふりをする」から「実際に成功する」に変わるだろう。

反対に、どんなものでも仕事をするのに専門家レベルに到達するまで待つとしたら、いつまでたってもその仕事はできない。初めから専門家である人はいないのだ。それが、この金言の真の意味だ。

Tips fakeとmakeという2つのキーワードが韻を踏んでいる効果的な金言。「ふりをする」うちに「実際に成功する」とは、言い換えれば、目標とするものを得るまでベストを尽くし続けるということ。また、fakeの文字通りの意味（ネガティブな意味合い）とフレーズ中の意味（何かを成し得るまで待たないということ）の並列が印象的。ネガティブな単語にポジティブな意味を与えることで、意外性が増して忘れにくいものとなっている。

048 日目

地球最後の日でも、受信トレイは空にならない。

「受信トレイ」というビジネス用語をうまく喩えて
ビジネスパーソンを鼓舞している。

On Your Last Day on Earth, Your In-Box Won't Be Empty

何もかもをやり遂げるのが人生ではない、ということを再確認させてくれるユーモラスな金言。毎日の終わりには常にやるべきことが残されている。それは人生の最後になっても同じ。世の中はやるべきことで満たされ続け、そのすべてが成し遂げられるものではない。

Tips in-box（受信トレイ）はビジネス用語で電子メールの受信トレイのこと。この言い回しは働くすべての人に「締め切りなどでストレスを抱え過ぎないように」と助言するのに有用だ。単に、物事をあまりシリアスに受けとめないという意味で、比喩的に使われる。大小にかかわらず、私たちは計画したことすべてをやり遂げることは決してできない。だから、目標や達成については健全な見通しを持つことが大切だ。

049 日目

チーム(team)の中に私(I)の文字はない。

個人主義の欧米社会でもチームワークが大事。

There Is No 'I' in 'Team'

監督やプロアスリートの間でよく使われる。Iという文字は単語I（自身）でもあり、team（チーム）という4文字の単語には含まれていない。要するに、チームのメンバーとして貢献するには個人的な目標はさておき、チーム全体の目標のために努力しなければならないという意味だ。特に多くのチームスポーツ（ゴルフやテニスなどを別にして）において個人の成功は、たいていチームの成功や優勝を通してもたらされるということを改めて教えてくれる。

Tips　この言い回しがスポーツ向きなのはもちろんだが、ビジネスの現場でも一般的に用いられる。例えば、経営者やコンサルタントらはチームワークの重要性を伝えるためによく使う。

050 日目

しっかりと目覚めているとき夢は現実になる。

目が覚めて、集中しているときに夢は実現する。

Dreams Come True When You're Wide Awake

この金言はdreamの二重の意味をうまく生かしている。眠っているときに見る「夢」と将来的な「夢」（目標や抱負）だ。前者の夢を見られるのはもちろん眠っているときだけだが、一方、後者の夢が実現するのは自身の注意力や集中力、そして覚醒（つまり「しっかりと目覚めている」状態）があってこそ。それゆえ、この表現が本当に言いたいことは「集中を切らさず、目標から目を離すな」ということだ。

Tips dreamが2つの全く違った意味を持っているのは面白い。起源はおそらく古代にまでさかのぼり、当時、夢（眠っているときに見るほう）は神からのお告げと考えられていた。古代の王たちは自分の見た夢の判断師を雇って、その判断に基づいて国家統治の重要な意思決定を行っていたとされる。そう考えれば、寝ているときの夢も起きてから見る夢も、どちらも未来に向いており関連があると言えよう。

051 日目

有能なリーダーは
一度に2つの場所にいることができる。
相手の前で進むべき方向を示し、
相手の後ろでその人を支えている。

有能なリーダーは、2つの役割を同時に果たしている。
リードすることと支えることだ。

A Great Leader Manages to Be in Two Places at One Time. In Front of You, Showing You the Way, and Behind You, Having Your Back

本当に有能なリーダーは、監督と応援団長のような2つの役割を同時にこなすことが可能だ。人は道を示してくれる誰かを必要とし、もちろんそれをリーダーに期待する。だが、失敗したときや迷ったとき、混乱したときなどのために支えが必要だとも感じていたい。「私についてこい！　早く！」と要求ばかりするリーダーでは、背後からサポートまでしてくれるリーダーと同じ信頼関係を生み出すことはできないだろう。

Tips have one's backという表現はもともと軍隊用語。攻撃の先頭に立つ兵士たちは自分の背後を防衛してくれる兵士がいることを知る必要があったのだ。また、バラク・オバマ氏が2008年の大統領選に出馬した際、有権者は「あなたの支持をオバマに示そう！（＝Show Obama that you have his back!）」と鼓舞された。アメリカ初の黒人大統領候補として出馬したため、オバマには反対派も多く、進んで彼を擁護する支持者の獲得が必要だったのだ。

052 日目

努力次第で
仕事から得られるものは多い。

人生の多くの時間を費やしている仕事だからこそ、
給与以上の価値を自身から引き出せたら、
さらにポジティブなものになるだろう。

You Get Out of Your Work What You Put Into It

時間の点だけで言えば、結局は大半の人にとって仕事が人生の最大部分になる。起きている間、働いている時間はゆうに3分の1を占め、人によっては半分以上にもなるかもしれない。これは大変な時間だ。仕事においては給与以上に得られるものがあってしかるべきで、ここが個人の姿勢が試されるところ。自身の仕事を最良の資質（創造性、優しさ、分かち合い、友愛、功績、熱意など）を引き出すために活用することができれば、人生経験の非常に大きな部分を占める仕事の経験がとてもポジティブなものになるだろう。

Tips 当然ながら、この表現のインパクトは対義語（get outとput into）の組み合わせにある。今回は仕事についての格言だが、You get out what you put in.「努力せずして成功なし」というショートバージョンも様々な状況でよく使われている。監督や教師、友人、カウンセラーなどは、スポーツ、結婚、家族、勉学など努力を要するあらゆる場面でこのアドバイスを用いるだろう。

053 日目

目標のために動け、
喝采のためでなく。

あなたは何のために働いているだろうか。

Work for a Cause, Not for Applause

褒められたり、拍手喝采をもらったりするために動いていたのでは、依存症患者のように次の喝采を求めなければならなくなる。自分が信じ価値を認めるもののために動くことで、いつも満たされた自分でいられる。だから欧米人と日本人の仕事との向き合い方、付き合い方は大きく違うのかもしれない。「自分が信じるもの」が大事。

Tips　金言の前半がcause（コーズ）、後半がapplause（アプローズ）で終わっているが、この2語の末尾では同じ音が繰り返されている。末尾で音を繰り返すことを脚韻と呼ぶが、これによって金言にリズムが生まれ、耳にした人に言葉を強く印象づける効果がある。

もちろんcauseの代わりに、purpose「目的」やgoal「目標；目的」を用いても意味的には問題ないが、あまり印象に残らない言葉になってしまう。

054日目

「難しいだろうか?」ではなく「価値はあるのだろうか?」と考えろ。

「難しい」と思ったものに対して、
少し別の角度から考え直してみる。

Instead of Asking, 'Will It Be Difficult?', Ask 'Will It Be Worthwhile?'

やる価値のあることはほとんどなんでも実行するのが難しいものだ。プロジェクトの困難さに注目するのではなく、価値にこそ注目して行動すべきなのだ。

「難しいか」と怖気づくのではなく、「価値があるかどうか」を考えて、「価値がある」と思ったら行動すること。欧米人は「自分で信じた価値」を基準に行動する。

Tips この金言はビジネスパーソンのモチベーションをアップさせたい場面で非常に強い効果を発揮するものだが、親から子どもへの良きアドバイスの言葉にもなる。やり遂げる難しさではなく、結果やその結果の価値に焦点を当てることの重要性を説く金言だ。

055 日目

プランのない目標は、
願い事に過ぎない。

ゴールに目標は必須。
計画なしにゴールに向かっていないだろうか。

A Goal Without a Plan Is Just a Wish

望んでいるだけでは何事も達成できない。実現したいものには目標や計画を持つことが不可欠であり、そうすることで物事は現実化していくのだ。

欧米人は非常に論理的で合理的。ゴールがあるならば、そこにたどり着くまでの計画や最終目標などをきちんと設定してゴールに向かう。あなたはきちんとした設計を立てられているだろうか。

Tips 面白くてキャッチーなフレーズだ。一般にこの種の比喩や比較には2語のみを用いるのに対し、これは3語を活用している。goalからplan、wishへというリズミカルな流れが覚えやすい(このくだりは、そのビートのために歌詞ででもあるかのようだ)。この3語はどれも力強い心理的な意味を持ち、しかも1語ずつが非常に短いので、このようなリズミカルな流れに置くことで一層印象的になっている。

056日目

情報は道具で、知識は力である。

たくさんの情報を持て余してしまっていないだろうか。

Information Is a Tool; Knowledge Is a Power

今は「情報時代」であり、最良の情報を手に入れることが成功への近道といわれる。もちろん情報は重要だが、もっと重要なのは情報の使い方を知ること。それが知識だ。まるで道具のように、情報は持っていれば使うことができる。経験や学習、助言に耳を傾けることなどから得られる知識は道具以上のものであり、あらゆる状況で求められうる力（スーパーパワーとさえ呼んでもいい）なのだ。

Tips　この金言は情報と知識の重要な違いを指摘している点で有用。両者の価値を認めてはいるものの、明らかに知識に軍配を上げている。欧米人は強い印象を与えるために言葉を簡潔に定義することを好み、特にビジネスリーダーや教育者はこのような表現をよく使う。

057日目

リーダーシップとは人々を自分に従わせることではなく、自分の信念に従わせることだ。

トップに立つ者は自分の信念、目標などを
明確に掲げることで自ずと人がついてくる。

Leadership Isn't About Getting People to Follow YOU,
It's About Getting Them to Follow What You BELIEVE In

このフレーズは、リーダーが「カリスマ性」を得たいと思う欲求やエゴを取り除くのに役立つ。自分に従う者を持ちたいと思うことは、単なるエゴのかたまりであり優位性を感じたいだけだ。

では何のために人はついてくるのか。自分についてくる人にどんな考えや目標、価値などを示すことができるのか。それこそがリーダーシップの要点であり、この金言は改めてそのことを教えてくれる。

Tips 当然ながら、この金言は経営者、特に起業家などのビジネスパーソンには極めて有用だ。自分の個性を大切にしつつもエゴを取り除き、自らが信じるものと達成したいものを明確にする必要がある。リーダーシップは自分の信念をいかに上手く部下たちに伝えられるかにかかっているのだ。

058日目

誰も見ていないかのように踊れ。

誰にも見られないまま1人楽しく踊る姿を
楽しく人生を生きる姿にかけた比喩。

Dance like Nobody's Watching

例えば、1人で自分の部屋にいて大好きな音楽に合わせて踊っているとき、誰かを感動させようとして踊っているわけではないはずだ。ただ自分が楽しんでいるだけだろう。

つまり、この金言は他人の評価を気にするなという比喩。「自分らしく、自分を信じて、外野がどう思うかなんて気にかけなくてよい」と述べている。自分の「（人生の）ダンス」は自らの楽しみのためであり、他人に認めてもらうためのものではない。

Tips 非常に「視覚的な」言い回し。この表現を聞けばすぐに、部屋で一生懸命だがぎこちなく踊っている人（おそらく自分自身）の姿が思い浮かぶだろう。このように一瞬にして脳裏に焼き付くようなイメージを提供する金言は、極めてパワフルと言える。

059日目

計画を練り損なうことは、
失敗を計画していることに等しい。

しっかりした計画が成功を生み出す。
欧米のビジネスシーンでよく使われる金言。

Failing to Plan Is Planning to Fail

計画（プランニング）の重要性を強調している金言。この金言が警告しているのは、成功するように計画を練らなければ、失敗するために計画しているようなものだということ。大した準備をせずに上手くいくことを期待する「ぶっつけ本番」でも大丈夫と考える人は、物事を進めながら考えればいいとも思いがちだ。しかし、そんな姿勢はまさに馬鹿げており失敗につながるだけ、とこのメッセージは指摘している。

Tips ビジネスにおけるアドバイスとしてよく用いられる表現。計画の重要性を説いたメッセージは数多くあるが、この金言はキーワードを置き換えて使うという鮮やかな手法により特に巧みなものとして異彩を放っている。

060 日目

「後でする」を「しない」に変えるな。

「後回し」にしてもいいが、
「やらない」という選択肢に陥らないように。

Don’t Let ‘Later’ Mean ‘Never’

しなければならないことができないときはある。そんなときは後回しにせざるを得ない。問題は、「後でする」と言った場合、たいてい「しない」という結果になることだ。あまりに何回も「後でする」を「しない」にしてしまったら、まさに悪癖と言えよう。怠慢の言い訳をせずに、何事もぐずぐずと先延ばしにしないよう促しているのが、この金言。結局どれも中途半端という悪癖に陥るなという忠告だ。

Tips　誰もが素直に納得できる効果的な金言。私たちは何かを「後でするつもり」とよく言うが、本当は「こんなことしたくないな、面倒くさいし、楽しくないから」と考えているときがあることをわかっている。実際は「後でする」を「しない」の代替の言葉として使っているのだ。この表現は「ああ、それは自分だ」と聞いた者を笑わせ、また同時にその悪癖を改善するように促す効果がある。

061 日目

「第六感」には常識を選べ。

言葉遊びがユーモラスな格言。

Let Your 'Sixth Sense' Be Common Sense

人間には第六感があることを信じるだろうか（五感は触覚、味覚、視覚、聴覚、嗅覚）。それを「直観」とかESP（extra-sensory perception「超感覚的知覚」の省略形）と呼ぶ人もいる。そのような感覚が実際にあるかは議論が分かれるところだ。

この金言は、このようなあるかないかわからないものを「第六感」と呼ぶのではなく、「常識」こそを「第六感」と呼ぶのがいいと伝えている。常識は全くミステリアスなものではなく、経験に基づいて賢明で論理的な判断を導いてくれる。他の5つの感覚を通して得られる情報を最大限活用しながら常識的な判断を行うことが重要だと述べている。

Tips 良い実用的なアドバイスになっているが、主な狙いはユーモアの味わい。一般的に使われる用語の意味をミックスさせた巧みな手法でもある。この金言は、同じ単語で終わる2つの表現を組み合わせた点がユーモラス。

062日目

何かをしてもらいたければ、忙しい人に頼むと良い。

これは日本でもよく聞く
「ビジネスルール」とも言える金言。

If You Want Something to Get Done, Give the Task to a Busy Person

生産性に関する愉快で皮肉っぽい表現。他の人より生産性の高い人というのは一定数いるものだ。彼らはすでに忙しくても、何とかやりくりして新たな仕事を引き受け、やり遂げてしまう。忙しくない人に仕事を頼むのが最も論理的なやり方のように思われるかもしれないが、そういう人は忙しくしていないことが好きなので、忙しくないという見方も成り立つだろう。

その場合、その人が頼まれた仕事のために必要な努力をしてくれるかは、はなはだ疑問だ。常に熱心で、新たな仕事を引き受ける準備ができていて、常に100％の力を出し切るような人を探そう。

Tips これは有名な職場の格言。仕事の場面（また、おそらく政治の世界）以外ではあまり応用が利かない。重要な仕事を誰かに委ねなければならない立場にある企業の重役（特に上級幹部）にとっての一種の「ルール」にもなっている。

063 日目

「いつか」という日は どんなカレンダーにも載っていない。

「いつか」は意味がない。きちんと計画しよう。

"Someday" Is Not on Any Calendar

何かを「いつか」やると言えば、それはもしかすると、単に永遠に避けているということではないだろうか。この才気に満ちた面白い金言は、カレンダーには月曜日や火曜日などは数多くあるが「いつか」という日は1日もないと指摘している。「いつか」という言葉に意味をもたせるためにも、明確なゴールを設定して、そこまでのきっちりとした計画を立てるように、との進言だ。

Tips この表現の力強さは、somedayというあいまいな語が週の曜日(MondayからSundayまで)と同じdayで終わっているところ。Sundayととてもよく似た響きでさえあるが、もちろん意味は全く違う。金言の持つ英知を認識するとともに、そのユーモアも味わうことができる1文。

064 日目

計画を変更するだけで良いときは、目標を変更するな。

目標を達成するのが難しいと思っても
目標は変えないこと。方法を変えるべき。

Don't Change the Goal When You Only Need to Change the Plan

自分にとって重要な目標があるとき、それを達成するのが難しいという理由だけでその目標を諦めるべきではない。おそらく目標が高過ぎるのではなく、その方法に変更が必要なだけなのだ。目標を保持して、それに向かって取り組み続けること。だが目下の方法が功を奏していないようなときは、違った計画や方法を進んで試してみること。この金言はこう強く勧めている。

Tips 目標と計画はどちらも非常に重要だが、とりわけ目標がより重要であるとはっきりさせておく必要がある。それはまさに目指す先であり、一方、計画はそこに至るための手段だ。今回のメッセージはビジネスパーソン、特に企業の成功に向け重要な目標を持っている経営者や重役にとって有用なアドバイス。目標に集中し続けると同時に、その達成方法については進んで柔軟性を持つことが大切だ。

065日目

自分の思考習慣にとらわれてはいけない。「自分は何が悪いのか」と進んで自問しよう。

自分の思い込みを疑え。

Don't Get Stuck in Your Thinking Habits.
Be Willing to Ask Yourself 'What Am I Wrong About?'

人は総じて、極めて自動的に考える傾向がある。自身の考えをよく調べなかったり、それに疑問を持ったりしないことはしょっちゅうだ。だからこそ、偏見や自己限定的な概念といった誤った考えを長いこと持ちやすくなる。自問することなしに、こういった考えを正しいものと思い込んでしまうのだ。その昔、ソクラテスは「吟味されざる生に生きる価値なし」という名言を残している。私たちは自身の考えを吟味しなければならない。そうすれば自分のためにならない事柄がおそらくいくつか見つかるだろう。まさに発想の転換が必要だ。

Tips この金言は誰にでも当てはまるが、特にビジネスリーダーには有用。自身の憶測に何度も疑問を持ち、その考えの誤りを探すよう求められる分野がビジネス、そして科学だ。

5章

心の癒やしが必要なとき

066日目

完璧に愛らしくなるために完璧になる必要はない。

ありのままの自分が一番愛らしい。完璧になろうとせず、そのままの自分を受け入れよう。

You Don't Have to Be Perfect to Be Perfectly Lovable

生まれて間もない子犬は「完璧」とはほど遠いだろう。家具は噛むし、ものはひっくり返すし、カーペットにおしっこはするし…。だから飼い主は子犬のしつけが骨の折れる仕事だとわかっている。それでも子犬は「完璧に愛らしい」ものだ。可愛さ満点で私たちの生活に喜びをもたらしてくれる。私たちが愛するのに子犬が「完璧」である必要はない。人間もしかり。まさに子犬のように自分らしくいることで、今の自分は愛らしくなる。自身をより愛らしくするために自分を「完璧にしよう」とするのではなく、欠点もひっくるめて、ありのままの自分を受け入れるようにするべきだ。

Tips 「完璧主義」は自己救済においてしばしば登場する概念。自身を愛おしむことへの障害と考えられている。もちろん物事を上手にこなすことは大切だが、「完璧」という不可能な基準を用いて自身を判定すれば結果は不幸になるだけだ。「完璧」を再定義することで、欠点も自己救済に大きく貢献できるものとして受け入れることができるものになる。

067日目

幸せになるのに
誰かに愛してもらう必要はない。
自分が必要なだけ。

幸せになるには自分を愛してくれる他人を
探すのではなく、自分を愛すること。

You Don't Need Anyone Else to Love You to Be Happy. Just Yourself

人に愛されたいとは誰もが思うことであり、大半の人は自分をロマンチックに愛してくれる特別な誰かがほしいと切に願っている。だが、幸せになるために自分を愛してくれる本当に必要な唯一の人とは誰か。それはまさしくあなたの目の前の鏡に映っている人物、自分自身だ。

自分を愛することは、人に愛されることにもつながる素晴らしいこと。人から受ける愛を楽しみ、尊重し、感謝することもできるが、より重要なのは自分のことをどう思っているかだ。幸せになるには自身を愛することから始めよう。

Tips これは若者にとって大切な励ましの言葉だ。彼らはしばしば異性にモテたいという考えにとりつかれがちなので、教師や青少年のカウンセラーらは、よくこのような金言を例として挙げる。しかし実際は、若者だけでなく誰もが知っておくべき大切な金言だ。

068 日目

自分自身を大好きになろう。理想のパートナーが現れたときにその人が満たす場所がなくなるほどに。

完璧な恋人が最高と思うのは欧米でも同じ。
でも完璧な恋人よりも自分を愛して。

Love Yourself So Much That When the Perfect Partner Comes Along, There Won't Be Any Empty Places for Them to Fill

人は自身を「完全にする」ため、必死にパートナーを見つけようとし、見つけられなければ「完全でない」と思い、惨めになる。そのような考えから抜け出して自分自身を愛そう、と助言している。自身を大いに愛することができれば、恋人はもはや「必要なもの」ではなく「ぜいたくなもの」と思えるだろう。恋人は、なくては生きられないものではなく、持っていればすてきなものに変わるはず。

Tips おとぎ話からハリウッド映画まで、欧米文化では完璧な恋人こそが最も重要なものとされることがよくある。しかしロマンスをそれほどまで必要だと感じなくてもいいということを改めて考えさせてくれる。今すぐしていることを止めて、鏡に向かい、自分自身を眺めてみよう。そして自分に「大好きだよ」と言ってみよう。

069 日目

完璧は良き結果の敵だ。

完璧を求め過ぎるのも良くない。

Perfect Is the Enemy of Good

おそらくボルテールの時代までさかのぼる、古くからの格言。ウィンストン・チャーチルも「完璧は進歩の敵」と、同様の表現をかつて使っている。完璧を要求することによって自らを抑制してしまうリスクがあるという意味だ。実際、完璧であることは滅多に求められはしない。例えばあなたが自分の好みの音楽を聴いていても、多少気に入らないパートはあるだろう。完璧でなくても素晴らしいものはあるのだ。完璧を求めることをやめれば、継続的に良い結果を出すことができるだろう。

Tips この言い回しはperfectをgoodの敵と呼んでいるが、good以外にもexcellenceやgreatの敵といった、より強い単語を使うことも可能だろう。happiness「幸せ」の敵と呼ぶこともできるかもしれない。要は、常に完璧を期待すべきではなく、多少の粗さも進んで受け入れようということ。「完璧主義」は単なる障害に過ぎない。

070 日目

人生の簡単なレシピは、ほほえむこと、泣くこと、笑うこと、そして夢を持つこと。

大人になっても子どものときのような感情表現の豊かさを忘れないでいよう。

A Simple Recipe for Life: Smile, Cry, Laugh, Dream

これは「小さな子どものように生きよ」という格言と同種の言い回し。笑う、泣くなどは、まさに子どもがよくすることだからだ。彼らは感情が目まぐるしく変化し、いつも自然体。もちろん、私たちは成長して責任を引き受けなければならない。歳を取るにつれて自身の自然な感情を抑えがちになるのは残念なことだ。確かにそれが大人とも言えるが、自分を抑圧し過ぎると精神的な代償が生じる可能性もある。この金言は、自分の自然で基本的な感情とのつながりを保つことの大切さを改めて教えてくれる。

Tips 英語では、食べ物と関係ないものにでもrecipeという語をよく使う。職場で「成功のためのレシピ」と言ったり、幸せな結婚のための「レシピ」と言ったり…。「レシピ」には自然なアピール力があるので(おいしい食べ物は皆大好きだ)、この金言のように「レシピ」が使われると、ポジティブさを感じられることが多い。だが一方で「災害へのレシピ」という言い方もあり、こちらは間違いなく失敗につながる悪いことの組み合わせという意味だ。

071 日目

自分のあらゆる感情に心地良くなって、初めてその主人になりたいと思うことができる。

負の感情を避けるのではなく、
受け入れることで自分を癒すことができる。

Only by Being Comfortable with All Your Emotions Can You Ever Hope to Master Them

自分が心地良いと思わない感情は、ほぼ誰にでもあるもの。例えば、不幸せなどは気分がいいとは思わない。だが、不幸せという感情を抑え込もうとすれば、さらに悪い状態、「うつ」になりかねない。不安、恐れ、怒り、失望など、どれもそうだが、これら多くの負の感情も人生経験の一部。回避したり否定したりするより、それらを認識し、受け入れることが必要だ。

Tips 特に負の感情を始めとして、すべての感情を心地良く思うことは「影の抱擁」と呼ばれる。これは20世紀前半の偉大な心理学者カール・ユングの業績に基づいた用語。「影」は人間がなるべく見ないようにする部分だが、見ないようにすればするほど、より人間の注目を集めようとする。自分の「影」を受け入れるようにすることが、癒しの作業の大きな部分だ。

072 日目

今の自分を捨て、なり得る自分になれ。

人は皆、少しずつ変化している。
その変化を意識するように。

Surrender the Person You Are to the Person You Can Become

人生は変化の連続だ。周りの状況だけでなく、自分自身も変わる。時を経るにつれ、新たな自分になる。それはゆっくりと、そして微妙に変わっていくので気づくことはないが、誰でも若いときの考えとはかなり違った考え方を持つようになるものだ。この金言は、そういった変化をもっと意識するよう呼びかけている。潜在的な成功や将来的な幸せは、「違う」（例えば、より良い、より賢い、もっと勇気のある）人間に進化することを通して実現される、ということだ。この進化をしっかりと受けとめるべきだ。

Tips 手放すことの大切さを説いた格言。人間関係や状況を手放すのではなく、自身を手放すように述べている。一般的にそう度々考えることではないが、実際これも非常に重要な人生の教訓。

073 日目

枕に頭をゆだねる前に
今日1日と仲直りしよう。

1日が良くない日だったとしても、寝るときに
その日のことはリセットしよう。明日はまた新しい日だから。

Make Peace with Your Day Before Your Head Hits the Pillow

誰にでも良い日と悪い日がある。素晴らしい日や最悪な日さえもある。しかし、すべての日は必ず終わるという共通点がある。そして毎日が終わるとき、私たちは眠りについて、肉体的にも精神的にも力を回復させる機会がある。回復する最良の方法は、眠るときにその日が確実に過ぎ去るようにすることだ。明日はまた別の機会。だから、できることをやったと自らに言い聞かせ、生きたばかりの今日と仲良くなろう。良い睡眠を取るためにも。

Tips your head hits the pillowは、寝ることを意味する面白いフレーズ。最もよくある使い方はI was so tired last night that I was asleep before my head hit the pillow!「昨夜はすごく疲れていたので、枕に頭を埋める前に眠っていた」など。また、親が小さな子どもについて話す際にもよく用いられる。子どもというのはエネルギーを持て余していたかと思うと、突然疲れ切ってしまうことがあるからだ。The kids were asleep before their heads hit the pillow!「枕に頭を埋める前に子どもたちは眠っていた」。

074日目

自分は一連の事故の結果とも奇跡とも考えることができる。慎重に選択しよう。

私たち1人1人は、それぞれが奇跡そのものだ。

You Can Think of Yourself as the Result of a Series of Accidents, or as a Miracle. Choose Carefully

たいていの人は、人生には何らかの意味があり、自分の人生は「事故」などではないと思いたがっている。しかし人生は深い意味も意図もない単なるランダムな偶然、自然な「事故」の積み重ねと感じるときがある。微細な細胞組織から広大な太陽系まで、自然や宇宙は数多くの不思議でいっぱいだ。森羅万象のあらゆる不思議のことを思えば、それは奇跡と考えられるだろう。そして、私たち1人1人も全宇宙の奇跡の一部なのだ。これがよりポジティブな自身の見つめ方。

Tips 欧米、特にアメリカでは、科学的発見と宗教の教えとの間に長く対立がある。このため、前者を支持する一部の人たちは精神的な言葉や人生の概念のあらゆるタイプを排除しようとしてきた。この極端な形が、人間を単に多くの化学反応の寄せ集めにまで凝縮し「あなたは一袋の化学物質に過ぎない!」と考えること。これはあまり楽しい思考ではなく、おそらく大多数の人は、人生は神秘的で自身の存在には意味があるという考え方を好むだろう。

075 日目

感じることで癒やされる。

ネガティブな感情を抱いたとき、
あなたは自分自身をどう癒すか。

Feeling Is Healing

負の感情を強く押さえ込んでも、それらはなくなりはしない。悲しみや恥辱の感情であっても自らの気持ちに素直に耳を傾けることで、次第に心は和らぎ前向きになり始める。欧米人はそう考える。日本人の多くはそういったネガティブな感情を抑え込もうとしてしまいがち。しかし、そんなときこそ、自分の気持ちとしっかり向き合うことが大切だ。

Tips　感情を隠し、ストイックかつロジカルに動くことを重視する欧米人は特に男性に多い。しかし心理カウンセラーなどは感情の吐露なしには精神的な健康が保てないことを強調している。アメリカでは「癒やし」や「マインドフルネス」などに関するセルフヘルプ本なども多く、それが文化の重要な一部となっている。この金言も脚韻になっている。

076日目

自身の考えや行いにおいて
自分に優しくするあらゆる権利がある。

自分に優しくすること、それは権利。欧米ではその権利を大切にして自分のしたいことを思うようにしている。

You Have Every Right to Be Kind to Yourself in Your Thoughts and Your Deeds

人間には不必要に自分の失敗や間違えを責める傾向がある。しかし、それで幸せになれるだろうか。易しいことではないが、自身を理解し認めるように自己評価を変える術は身につけることができる。それが「自分に優しくする」ということ。自身を理解し認めるというのが「考え」の部分だ。そして、自身を理解し認めれば、自分がしたいと思うことをより積極的にするようになるだろう。これが「行い」にあたる。

あなたを止めようとしているのは、あなた自身だけではないのではないだろうか。あなたには幸せになる権利があり、何らかの方法でその権利を表現できることを忘れてはならない。

Tips　欧米の考え方では権利は非常に重要だ。欧米人は自らの権利を大切にし、それをいつでも擁護しようとする。この金言は、我々には自分を大切に扱う「権利」があるということを再認識させてくれる。このことを単なるオプションではなく権利と考えれば、より真剣に捉えることができるだろう。

077 日目

しかめっ面は笑顔に変えよう。

気分を和らげてくれるような言葉遊びのある言い回しで気軽な気持ちになろう。

Turn Your Frown Upside Down

このフレーズにはあまり深い意味はない。frownとdownという単語の押韻で遊んでいるだけだ。「しかめっ面をひっくり返す」とは、もちろん「笑顔になる」ということ。だからよく、気分が落ち込んでいる友達を励ますときに「やあ、そのしかめっ面をひっくり返せよ！」と言ったりもする。このあまりに間の抜けた言い方が、たとえ一時でも、その友達を笑わせたり状況を和らげたりするには役立つかもしれない。

Tips 元気を与えてくれるメッセージはしばしば深くて力強い内容を伝えるものだが、ムードを和らげたり、若干馬鹿馬鹿しくなったり、単純な押韻のような言葉遊びを目的とするようなメッセージもある。だが、そのような言い回しは時に最高に有益になる。気分を和らげ、多少なりとも笑顔をもたらしてくれるのだから。

078 日目

立ち止まって、途中にあるバラの香りを嗅いでみよう。

欧米文化でバラは特別な花。突き進むのも良いが、
時々ふと立ち止まってみると
人生は素敵な瞬間にあふれている。

Stop and Smell the Roses Along Your Way

常に目標に向かってまっしぐらに進むよりも、人生における小さな幸せを大切にしようと語りかけてくれる金言。目標に向かうことは大事だが、それに集中し過ぎると、特別な瞬間、「途中にあるバラ」を見落としてしまうだろう。立ち止まってその美しさを愛で、香りを嗅いだら、人生はきっとすてきな瞬間に満ちあふれる。それは計画や目標には直結しなくても、楽しく意味のあることだ。この表現はそんな瞬間の大切さを再確認させてくれる。

Tips 欧米の文化で、バラは花の中でも特に意味がある。最も美しい花でありながら鋭いとげがあるという二面性（善と悪）を持ち合わせていると多くの人が考えている。それが人生の様々な事柄に関する優れた比喩を生み出すのだ。ウィリアム・シェークスピアの名言「バラはどんな名前で呼んでも甘い香りがする」も一緒に覚えておきたい。

079 日目

笑いは心の交響曲。

「交響曲」は欧米では最高の誉め言葉。

Laughter Is a Symphony of the Soul

笑いを美しい音楽になぞらえている、素晴らしい詩的な格言。美しい音楽には人を元気づけ、気分を高揚させる力があり、笑いもしかり。ただ、笑いは音楽と違って、練習もリハーサルも、習得する必要もない。誰もが簡単に奏でられる「音楽」だ。ひょっとしたら実際、宇宙で一番癒し効果のある音かもしれない。

Tips 「交響曲」は大変パワフルな言葉で、多くの比喩に登場する。例えば、素晴らしいコース料理を交響曲になぞらえることがあるが、これは最高のコース料理が、新たな感動を目から鼻へ、鼻から口へと次々に届けてくれるから。また、世界クラスのアスリートによる素晴らしい試合もスポーツ記者によって時々、交響曲に例えられる。欧米文化では、交響曲は人間による芸術や思想の最高の業績とも考えられているので、比喩の中に「交響曲」という単語が出てくれば、それは最高の賞賛の言葉として使われているのだ。

080 日目

ひざの上のネコは時に最高の医者だ。

動物は人間を癒してくれる最高の薬。

Sometimes the Best Doctor Is a Cat on Your Lap

ネコはしょっちゅう眠って、かわいがられるのが大好き。だから一緒に過ごすと生活のペースがスローダウンし穏やかな気分になれるのだ。一種のメディテーションともいえよう。繰り返しネコを撫でて過ごす穏やかな時間には「薬のような」効果があるということだ。ペット（もちろんネコでなくてもよい）と一緒にいることで、ふさぎ込んだ気持ちが明るくなったという人は多い。人生を共に過ごす動物たちに感謝の気持ちを持とう。

Tips インターネット上にはネコの画像があふれている。cat memesで検索をかければ、その多さに驚くことだろう。最高に人気のあるミュージカルの1つもネコがテーマだ。ネコの人気の秘密はかわいさとミステリアスさが同居している点か。何であれ、私たちの精神に重要な役割を果たしているのは確か。

081 日目

鏡を見るたびに見えるのは、自身の愛を必要としている誰かさんの顔。

鏡に映る自分に優しく話しかけ、ほほえみかけてみよう。
自分を愛するために。

Every Time You Look in the Mirror,
You See the Face of Someone Who Needs Your Love

毎日見ている自分の顔。歯を磨いたり、髪を整えたり、ひげを剃ったり、化粧をしたりと、そのたびに見ている顔。しかし、あなたは本当にその鏡の中の顔をよく見ているだろうか。自分にほほえみかけているだろうか。試しに鏡の中の顔に「おはよう」と声をかけてみてはどうだろう。やさしくほほえみかけたり、声をかけたりすることはやってみる価値がある。鏡は自分が最も愛情を注ぐべき人物を映しているのだから。

Tips　自己救済の分野では、鏡の中の自身の顔を見て一定時間過ごし、たまにほほえむことがよく勧められる。時には鏡の中の顔に「愛している」と言うように指示されることも。もちろん最初は(ひょっとしたら何度やっても)とても気恥ずかしく感じるが、これには良い効果がある。自己愛は自己救済の基礎であり、鏡はその格好の機会を提供するのだ。

082日目

忙し過ぎて笑えないのなら、
あなたは単に忙し過ぎるだけ。以上。

忙しいことは良いことだが、
それに追われ過ぎていたら、他にもっと大切なものを逃
していないか振り返ってみよう。

If You Are Too Busy to Smile, You Are Too Busy, Period

現代生活では、忙しいということは能力があって努力家で生産的な人間である印と一般的に見なされている。もちろん、それは悪いことではないが、忙しいことを人生の成功を測る最も重要な尺度にするのはいかがなものか。仕事に忙殺されていたら、地位や給与に関係のない楽しい時間を逃すことになるだろう。私たちを幸せにしてくれるシンプルで楽しい瞬間にもっと注目しようと呼びかけているのが、この金言。そのような時間を楽しむことができないほど忙しいのなら、良い働き手であること以上に価値のあるものを逃してしまっているということだ。

Tips 文末にperiodという語を置くことで強い強調を表している。つまり「以上、これ以上言うことはない」という意味。ピリオドは文法的に文を終わらせるものなのだが、この金言のように話し言葉や書き言葉でperiodを用いた場合、これ以上議論の余地なしということが強調され、すでに述べた話の要点が非常に強く印象づけられる。

6章

人との関係に悩んだとき

083 日目

子どものために道を用意するな。
道のために子どもを準備させよ。

欧米では子ども守ることよりも
自立させて強い子に育てることが重要視されている。
Don't Prepare the Path for the Child; Prepare the Child for the Path

親が過保護なあまり、子どものために平易な道をつくってやろうとすることに対して警鐘を鳴らしている。人生には困難がつきものだ。しかしそれでも問題に直面しなくてもいいような人生設計をしてあげるより、子どもが自身で困難や問題に立ち向かえるように十分強く育ててあげるほうが良い。

Tips 前半と後半が完全に「反転」していることで、このフレーズはとても記憶に残る。「これをするな。これとは反対のことをしろ」という強いメッセージは常に注意を引くことだろう。時に反論したくなるかもしれないが、それもまた良しだ。疑問を持たせるということは、注目を集めて考えさせるということだから。それが力強いコミュニケーションというものだ。

084日目

言葉は石のようなものだ。取り壊すのにも築き上げるのにも使える。

攻撃する武器にもなるし、
築き上げるものにもなるのが言葉。

Words Are like Stones.
They Can Be Used to Knock Down or to Build Up

古代より人類は、石を武器としても建築資材としても使ってきた。言葉でも同じことをしてきたのではないだろうか。石を傷つける意図で使えば破壊につながり、家や壁を造るために使えば築き上げることにつながるだろう。言葉も石と同様に、人間関係の破壊にも構築にも使うことができるのだ。

この金言は言葉の持つ力と言葉を賢く使うことの大切さを理解するよう進言している。

Tips 言葉と石の組み合わせが完璧で秀逸な比喩。欧米文化では比喩は極めて重要で、その歴史は古代ギリシャにまでさかのぼる(ソクラテスやプラトンもよく使っていた)。実際、比喩を理解しなければ欧米文化、特に文学や英語を理解するのはかなり難しい。比喩の味わい方をまだ学んでいない方は、ぜひ本書を役立てていただきたい。

085 日目

恋に落ちるのは魔法のようだが、恋を続けるには努力が必要。

恋が始まってからは努力が大事。

Falling in Love Seems Magical, but Staying in Love Takes Effort

時に恋の第一段階はあたかも宇宙からのプレゼントのようだ。空から何か素晴らしいものが降ってきたようにも感じる。こんな幸運なことってあるだろうか…。しかし、恋愛関係を維持するとなると、幸運や魔法やプレゼントといった話ではない。もちろん素晴らしいものにし続けることは可能だが、それには両者の献身的な努力が必要だ。過ちを許し、辛いときにはサポートを惜しまず、妥協もいとわない。これらのことは「ロマンチック」ではないかもしれないが、関係を長持ちさせるには必須。

Tips 新婚夫婦にとって最適のアドバイス。特に、恋愛時代を卒業しタフな時期に直面しようとしている2人にとっては有益な金言だ。ロマンスの初期の段階を「蜜月期間」と言ったりもするが、これはその時期が素晴らしくも一時のものと認識されているから。

086 日目

ありのままでいるだけで、誰かの1日をハッピーにすることだってできる。

誰もが自分が持っている「力」で
身近な人を幸せにできる。

You Can Make Somebody's Day Today Just by Being You

私たちには自分で思っているよりも力がある。言葉やほほえみさえも、他の人にとって非常に意味があったりする。普段はこれを「力」とは思わないかもしれないが、誰かを元気づける力を使うとき、私たちはちっぽけな存在ではない。日常的に関わっている家族や友人、同僚、買いものをする店のスタッフにさえ、彼らの1日を明るくする力があるのだ。このことを忘れずに、次にどのように「力」を使えるかを考えてみよう。

Tips make one's dayは、よく使われる大変ポジティブな表現。誰かに称賛の言葉をかけたり良い知らせを伝えたりしたとき、その人はThat makes my day!「おかげですごくいい1日になった！」と言うかもしない。その日に聞いた最も幸せなことという意味合いで、それだけでその日が前向きなものになったと言える。さあ、あなたも、誰かに「ありがとう！　おかげで素晴らしい日になった！」と言ってもらえるよう、どんなことができるか考えてみよう。

087 日目

変える必要があるのは誰の心でもなく、自分自身の心だ。

他人を変えることはできないのだから、
自分を変えて周りを変えよう。

You Don't Need to Change Anyone's Mind but Your Own

他の人たちの考え方をコントロールすることはできないかもしれないが、自分自身の考えはもっとコントロールできる。自分がネガティブに考え過ぎていると思ったら、気持ちを切り替えて別の考え方をすればよい。私たちには常にこの能力がある。考え方を改めたり、より明るくポジティブな思考を持ったりすることは常に選択肢として用意されている。

Tips　change one's mindは、まさに「気持ちを切り替える」という意味の慣用句。今回の表現は「気持ちを切り替える」をより深い意味で用いている。すなわち「姿勢を改める」という意味だ。平凡な言い回しを取り上げて、それにより深い意味を与えるのは非常に賢いやり方で、だからこそインパクトがある。

088 日目

友人とは言葉のようなもの。
賢く選ばなければならない。

友人が自分に与える影響は大きい。
一緒にいる人を選ぼう。

Friends Are Like Words; You Need to Choose Them Wisely

友人は私たちの人生に多大な影響を与え得る。それはパートナー以上かもしれない。友人は同時に何人も持つことができるのだから、友人たちの性格が卑しければ、すぐに自分にも悪影響をもたらすだろう。

だから、自分を向上させてくれるような人たちと一緒にいる時間を選択しているかどうかを慎重に見極めなければならない。これは言葉に関しても同じだ。話すときにはできる限り、相手を思いやり、元気づけるような言葉を使うように心がけよう。

Tips 「付き合う仲間を見れば人柄がわかる」という古いことわざがある。例えば、怒りっぽくて攻撃的でひがみっぽい人たちとよく一緒にいたら、その人物がどういう人かは察しがつくということだ。今回の金言は友情が人生に与える途方もない影響を示唆しており、一緒にいる人たちを慎重に選ぶようアドバイスしている。

089日目

人と話すときは相手にすべての注意を傾けよう。スマートフォンは仲間外れにされたとは思うまい。

現代ならではの悪習慣。人と話すときはスマホに
時間を割かない。目の前の人に時間を割こう。

When You Talk to Another Person, Give Them Your Full Attention.
Your Smartphone Won't Feel Left Out

会話の途中でスマホをいじる人は多い。そうするときは決まって、不必要に無作法になってしまっている。まるで相手に「スマホのほうがあなたより大事ですよ」と言っているかのように。これは現代の悪い習慣で、やめなければならない。人が自分に時間を割いてくれたら、その人に注意を傾けることでそれに敬意を表さなければ。

Tips 無生物の擬人化というユーモアが特徴的。もちろんスマートフォンが仲間外れに感じることなんてあり得ないが、ここがこの金言の落としどころ。人は無視することによって誰かの気分を悪くすることができるが、機械は何も感じはしない。注意を向けるべきはスマホではなく人ということ。

090 日目

批判するときは優しく、褒めるときは心から。

子どものときもそうではなかっただろうか。
褒められたら嬉しく、批判に敏感になるのは
大人になっても同じこと。

Criticize Gently, Praise Wholeheartedly

人間は成長して大人になっても、子どもっぽい面を多少は残しているもの。子どもは批判されることにとても敏感で、褒められることが大好きだ。そのような傾向が大人の誰の中にもあるということを認識しつつ、批判の仕方と褒め方の上手な方法を指南してくれているこの金言を味わってみよう。

Tips 教師や小さい子どもを相手にする人にとって優れたアドバイス。同時に、企業経営者など指導的立場にある人全員にとっても有用な金言だ。

091 日目

自分を幸せにしたり悲しませたりする権限を他人に与えるな。

幸せを生み出すのも、不幸せを生み出すのも自分の責任。

Never Give to Another the Power to Make You Happy or Sad

私たちは皆、他の人からの愛や友情を必要としている。それがなければ人生はむなしい。だが、他人に自分の幸せの責任を負わせるべきではないし、自分の不幸せを他人のせいにするべきでもない。人は誰でも自分のことで精いっぱいで、そんな責任はほしくない。自分の幸せは自分の責任であって、それを生み出す権限は自分にしかないのだ。他の誰かが大切なのは、その人が自分にとって影響力のある存在だから。これを誤解してはいけない。

Tips 個人主義的傾向が強い欧米文化では、個人の権限という概念は非常に重要。このメッセージも、他の人や何か(「人」とは限らず、仕事またはアルコールのような中毒もあり得る)に「自分の権限を与え」ないように気をつけなければならないと述べている。この種の忠告は自己救済本の他にも小説や映画、ポピュラー音楽などにもたびたび登場する。

092日目

自分を尊敬する人物を決して見下すな。

どんなに地位や権威を得ても、おごり高ぶらないこと。

Never Look Down on Those Who Look Up to You

もしあなたが売れっ子作家や企業の重役のような高い地位や権威ある立場にいたら、きっと多くの人があなたを尊敬し称賛するだろう。この金言はエゴイストになること、そして自分は他の人たちより優れていると思うことに対して警鐘を鳴らしている。実際、人は誰でもある点では「優れて」おり、またある点では「劣って」いるもの。キャリアを積むにつれて謙虚でいることが大切であり、また相手の評価を光栄に思うことが重要だ。

Tips look down on「見下す」とlook up to「尊敬する」という表現を効果的に使っている。指導者が留意するのにふさわしい金言で、ビジネスの世界にはうってつけ。良いリーダーになりたいと思っている経営者や重役のモットーになりえるだろう。

093 日目

愛しているものがあるなら、それを手放しなさい。

愛している人にこそ、執着しない。

If You Love Something, Set It Free

人間は自分が愛している相手にとても執着する傾向がある。わかりやすい例が子離れできない親だ。子どもが成長し独立することを考えると寂しくてたまらなくなる。

しかし、ちょうど親鳥がある時点でひなを巣から追い出すように、人間も同様のことをしなければならない。単なる執着ではない本当の愛の印とは、子どもであれ恋人であれ、相手が望むなら、愛する人を自分の人生の外に置くこと。

Tips 1980年代、ロック界のスーパースター、スティングはこの金言をベースにしたシングルで大ヒットを記録した。その名も「If You Love Somebody, Set Them Free（セット・ゼム・フリー）」。somethingがsomebodyになっているが、両方とも広く使われている。

094 日目

耳は2つあるが、口は1つしかないことを忘れるな。

耳と口の数に比例するように、
話すよりも人の話を聞くようにしてみよう。

Remember: You Have TWO Ears, but Only ONE Mouth

人体を人生の重要な教訓にしている秀逸な金言。2つある耳は聞くためにあり、1つしかない口は話すためにある。数では耳が口に勝っている。つまり、この金言が伝えているのは人の話をよく聞くように、ということ。人の話を聞けば新しいことを学べるが、話すときにはすでに知っていることしか言わないのだから。

さらに、人は聞き上手を好む。しゃべりっぱなしでどんな会話をも支配するような人間を好きな人はいない。口は耳の2分の1しかないという事実を踏まえて、話は控え、聞くことにもっと注力しよう。

Tips この言い回しは特に欧米人にとって有用だ。彼らの多くは実に話し好きだから。もちろん話すこと自体は決して悪いことではないが、しゃべり過ぎは相手をうんざりさせるだけ。この金言で、おしゃべりな人は聞くことの大切さを再認識できるだろう。

095 日目

真のソウルメイトとは靴のようなもの。最も魅力的である必要はなく、一番心地良いと感じられれば良い。

日常的に常に身につけている靴を、
特別な存在であるソウルメイト、恋人と喩えている。

True Soulmates Are like Shoes. They Don't Have to Be the Most Attractive, Just the Ones You Feel Most Comfortable With

どんなにかっこよくても、足になじまない靴を履きたいと思う人はいない。靴に関して言えば、履き心地の良さに勝るものはないだろう。この金言は恋愛をそのように捉えており、優れた直喩になっている。私たちは、映画などの娯楽作品によって異性の外見が大切と刷り込まれ、最も見た目の良いパートナーを得ようとする。しかし、一緒にいて心地良いと感じられなければ、外見だけでは関係は続かない。結局は、一番心地良いと感じる人のそばにいること。それが幸せなのだ。

Tips ここでの比喩が用いているのは皮肉なユーモア。「ソウルメート」が真に特別な存在と考えられるのに対して、靴は実にありふれた日用品だ。恋人を靴に例えるのはまずセクシーではないが、何が最も大切かを改めて考えさせてくれる。

7
章

生き方に迷ったとき

096日目

支持するものがなければ、何事にもだまされる。

欧米では若者によく使われる金言。
自分の軸を持て、ということ。

If You Don't Stand for Something, You'll Fall for Anything

何かを「支持する」、個人的な価値観を持つのが大切ということ。人によって様々だが、一貫して変わらない主義主張（正直さや家族への献身、勤勉など）が人には必要だ。

さもなければ、流行の考えや見かけ倒しの政治家などにいとも簡単にだまされてしまうかもしれない。価値観の確固たるベースや信念を持ち合わせていないからこそ、こういったことに「だまされる」のだ。

Tips　若者に対して使われる、秀逸な助言。多くの卒業スピーチや校長のメッセージの中で用いられてきた。若い人たちに人生について深く考えさせ、真に大切だと思うものを決めるよう進言している。

097 日目

人生をレスリングの対戦相手ではなく、ダンスのパートナーと考えよ。

人生は戦う相手ではなく、
パートナーであると考えを変えてみよう。

Why Think of Life as Your Wrestling Opponent When You Can Think of It as Your Dancing Partner?

多くの人は人生を、まるでレスリングでもしているかのように苦難の連続と感じている。だが、人生を対戦相手ではなくダンスのパートナーと考えてみてはどうだろう。もちろん、レスリングと同様、学ぶべき難しい「動き」はあるだろう。ダンスも技術と体力、そして多くの練習が必要だ。

しかし、人生を同じチームの仲間と捉えてみよう。自分を打ち負かそうとしているのではなく、成功する手助けをしたいと思っている仲間だと。そうすれば、きっと人生を享受してもっと楽しむことができる。

Tips　とても視覚的であることがこの格言の強み。パワフルなイメージ(レスリングとダンス)を醸し出している。このような強い視覚的な比喩描写を用いた表現は、非常に頭に残りやすい。人生について考える面白い方法を教えてくれる、愉快な金言。

098 日目

違った形で戻ってきてもらうために、幸せを手放さなければならないときもある。

幸福にしがみつく必要はない。
それは新たな機会の始まりでもあるのだから。

You Have to Let Happiness Go Sometimes,
So It Can Come Back in a Different Form

人生は途切れることなく続く。だから、何かにしがみつこうとすれば、それはかえって自らストレスを抱え込むことになる。幸せであれ、不幸せであれ、状況は常に変わるもの。自然な流れに任せるしかない。もしかすると、ある一定の人間関係を解消したり、仕事を失ったり、本当に楽しんでいたプロジェクトを終えたりすることを受け入れなければならないかもしれない。

ただ、そうすることで、また違った方法で幸せになるチャンスが巡ってくる。手放すべきときに必死にしがみつけば、新しい機会を逃すことになるだろう。

Tips 自己救済文学で重要な「手放すこと」というテーマ。まさにディズニー映画『アナと雪の女王』のテーマソングのように、「レット・イット・ゴー」は簡単ではないが、常に必要なこと。最近、何かを失ったり意気消沈したりしている人を慰めるのに、この金言は有用だ。

099 日目

自分の選んだ道を進もう。
そこにはいささかの交通渋滞も
ないだろう。

自分が決めた、自分だけの道を歩めば
ライバルも少ないはず。

Take the Road You Choose. There Won't Be Any Traffic Jams

もし一般的に「こうするべき」と考えられていることをただ行うような、お決まりの常識的な道をたどって人生を過ごそうとしたら、きっと途方もなく多くの人が同じことをしているはず。自分と同じことをしている人たちと競って、何とか彼らよりも前に出る方法を見つけたいと思うだろう。それはまさに「混雑した」道で、ほしいもののために競い合って人生の大半を過ごすということだ。

この金言は、そうするよりも自分だけの独自の人生の道をつくることを勧めている。「集団」とは違った生き方をすれば、絶え間ない競争の渦中にいることもないはず。自分の独自性を大切にする。これが今回のポイント。

Tips　人生を道に例える比喩は多いが、交通渋滞に言及しているものは極めて珍しい。道という美しい比喩をとても現実的で日常的にしているユーモラスな比喩。

100日目

時にはすべてを空中に放り出して、
どれが落ちてくるか、
どれが舞い上がるかを
見極めることが必要。

人生で疑問を持ったら、
当たり前はないと思って見直してみよう。

Sometimes You Have to Throw Everything Up in the Air and See Which Ones Fall and Which Ones Fly

人生はいつもスムーズにいくとは限らない。ほとんどの人は途中で、自分のしていることに疑問を持ったり、その理由を考えたりするときがある。これが本当に最良の人生なのか、と。

そんなときは、人生のすべてに疑問符を付けてみることが役立つかもしれない。長年何かをしてきたといっても、それをこれからも続けなければならないことはない。永続的に決まりきったものは何もないと考えて人生を見つめ直せば、新しい経験に巡り会う助けになり、当たり前と思っていることへの感謝の気持ちも改めて生まれてくるだろう。

Tips　これは面白い比喩であり、似たようなものが主にビジネスで用いられている。「たくさんのアイデアを壁に投げつけて、どれがくっつくか見てみよう」など。「くっつく」ものが役立つアイデアというわけだ。いずれの比喩も物事を当たり前と捉えず、新鮮な視点から見つめ直してみようと促している。

101 日目

戦闘を選択せよ、
さもなければ生涯戦時中になる。

こう思っているから、欧米人はいざというときに
エネルギーを出し尽くせるのかもしれない。

Choose Your Battles, or You'll Be at War Your Whole Life

仕事や人間関係などあらゆる争いや揉め事に躍起になる必要はない。重要な問題や挑戦のためにこそ力を残しておくべきだ。欧米人はこうやって息を抜くところで、息を抜いている。長期バカンスを取ることが当たり前なところも上手に息を抜いていると言えるだろう。休みのオン・オフもエネルギーのオン・オフも切り替えが上手な欧米人だから、いざという時に力を発揮できる。

Tips この金言は非常に有名なので、単に「戦闘を選択せよ」と言うだけでもその意味がわかる。両親が子どもに、また上司が部下に与える類のアドバイス。またリーダー（監督、政治家、社長など）が自らのキャリアを尋ねられた際にもよく使われる。彼らは、自分の成功は「戦闘を選択する」能力による部分があったとしばしば言うのである。

102 日目

選択せずに生きるよりも自分の選択とともに生きるほうが良い。

誤った決断を恐れるな。恐れるよりも自ら困難にも立ち向かえ。欧米の金言にはこういった助言が多い。

It's Better to Live with Your Choices than Live Without Choosing

下した決断すべてが良いほうに転ぶわけではなく、時に誤った決断を受け入れて生きなければならないのが人生。一方で、誤った選択を恐れてばかりいれば、人生は自ずと縮小し、満足のいかないものになってしまうだろう。この金言は、困難な選択をいとわず、毅然とした行動を取るべきとだ語っている。

結局、理想的とは言えない結果とともに生きなければならないこともあるかもしれないが、そうであっても、決断を避けてばかりの人生よりましである。

Tips live withとlive withoutが反復のパターンを成している効果的な表現。さらにchooseを名詞形と動詞形の両方で使うことによって、この詩的な言い回しにリズミカルな流れが生み出されている。

103 日目

見たいと思う変化に自分自身がなれ。

影響力のなさを悲しむのではなく、
力強いポジティブな感情に変えて、小さな変化を起こそう。
Be the Change You Want to See

世界には多くの問題がある。例えば人種差別や戦争、環境破壊など…。大きな問題過ぎて、それらに対して私たちは無力であると感じがちだ。まずは、そういった考えや行動から変えていこう。例えば、ボランティア活動やペットの里親になること、リサイクルなど小さなことであっても個人的な責任を果たすことで、違いが生まれてくるはずだ。

大切なのは、問題に対する影響力のレベルではなく、抱いてきた無力感を力強く楽観的でポジティブな感情へと変換するということ。

Tips　このメッセージをパワフルにしている一因は、各語が非常に短くてシンプルである点。使われている7語すべてが1音節ずつだ。それぞれの語が大いにインパクトを放つ、わかりやすい表現になっている。

104日目

お金を人生の客人と考えよ。歓迎して丁重にもてなせ。ただし支配されてはならない。

良くも悪くもお金に執着するのは良くない。
そしてそれに振り回されるのも良くない。

Think of Money as a Guest in Your Life. Welcome It In,
and Treat It with Respect, but Don't Let It Take Over

お金は大切だ。お金を最優先にすれば、互いに競い合い、貪欲になり、常に多くを望むようになり、幸せにはつながらない。

一方で、お金を過小評価するのもよくない。お金が生活に欠かせないのも事実だから。そこでこの金言は、お金を自宅への客人として招き入れ、丁重にもてなすようにと勧めている。だが客はもちろん、その家の一定のルールに従わなければならない。支配したり好き勝手に振る舞ったりすることは許されないのだ。お金も全く同じこと。

Tips　キリスト教に深く根差した欧米文化で、お金儲けはネガティブで「汚れたもの」と考える言い回しがいくつかある。「金は諸悪の根源」という言葉もその1つだが、残念ながら、この表現には深いインパクトがあり、一部の人に愛憎入り交じったお金への感情を持たせてしまっている。お金に対するネガティブなイメージを癒すことも、自己救済の重要な要素だ。

105日目

ニュース番組を見るのに 時間をかけ過ぎるな。 自分がすてきだなどという報道は 決してないのだから。

ネガティブな情報に翻弄されず、
ポジティブな情報を得るようにしよう。

Don't Spend Too Much Time with the News.
It's Never Going to Announce That You're Lovable

ニュース番組は良いニュースよりも悲劇を重視していることが多く、そういうニュースソースから多くの情報を得れば、その大半はネガティブな内容になるだろう。

一方、インターネットにはたくさんのポジティブなコンテンツがある。前向きなメッセージに彩られたウェブサイトやポッドキャスト。これらは気分を良くしてくれ、おそらく自分がすてきな人物で、世の中に貢献できるのではないかと思わせてくれるだろう。それこそが「良い」ニュースだ。

Tips この言い回しは、日々直面している情報を再考させるような思いがけない終わり方をしていて効果的。最初は「もちろん、自分がすてきだなんて報道ありっこないよ！」と思うかもしれないが、よく考えてみれば、他のどこかで得られるポジティブなメッセージと比べたらニュースなんてさほど大切ではないと気づくだろう。当たり前と思いがちなことに違った視点を紹介しているのが、この金言のミソ。

106日目

人間はあらゆる人、あらゆる経験から学び、成長することができる。

ネガティブなことからポジティブなことまで
すべてのことが人生の学び。

We Can Learn and Grow from Every Person, Every Experience

人生のあらゆることが学びのチャンスだとよく言われる。単純な日々の出会いにさえ学ぶことはある。そう考えれば、ネガティブな経験やマイナス思考の人たちの中にも価値を見出すことは可能だろう。脳は常に忙しく働いて、どんどん新たな経験を取り込もうとしている。人間の脳の力とは実に驚くべきものだ。人生を自分の「学校」と捉え、私たちの素晴らしい脳にできるだけ多くを学ばせよう。脳に限界はない。

Tips　人生を学校と考える発想は欧米的思考に深く根ざしている。「生涯学習」や「生涯教育」といった概念はここから来ており、高校や大学を卒業しても学び続ける人は多い。「正式な教育」は終わったかもしれないが、学びに終わりはないのだ。人生を学校と考えることは、人生を最大限活用する素晴らしい方法と言えよう。

107日目

誰かが絶えず進路を調整しているからこそ、船は港に到着する。

人生を航海に喩えている金言。
人生の「羅針盤」とは何か、考えてみよう。

A Ship Only Reaches Its Port Because Someone Is Continually Adjusting Its Course

海は船を真っ直ぐに進ませてはくれない。風や波、潮の流れなどが絶え間なく船を進路から逸脱させるし、羅針盤がなければ船はただ、ぐるぐる回っているだけかもしれない。航海は調整の連続で、まさに人生を見事に喩えている。海のように人生にも常に進路を外れさせるようなことが潜んでいる。

では、正しい進路に必要な「羅針盤」とは何か。それは決断力、目標への努力、そして信念だ。それに微調整を重ねる意思も必要なのは言うまでもない。

Tips 船や航海は昔から人生の比喩として重宝されてきた。海は大きな波や大嵐、獰猛なサメなどの危険に満ちている。現代では船以外の多くの新しい旅行法があるにもかかわらず、飛行機や車についての比喩がさほど多くないのは面白い。おそらく航海には、人生をくまなく取り込むような雄大でドラマチックな何かがあるのだろう。

108 日目

たった1日で 一生分の変化を遂げる必要はない。 1日分だけで十分だ。

急いで大きな変化を起こそうとするのではなく、
1日1日できることを考えよう。

We Don't Have to Make a Life's Worth of Change in a Single Day.
Just a Day's Worth Is Enough

自身にかかる重圧を多分に取り除いてくれる、秀逸な金言。人間は急いで人生を大きく左右するような変化を起こす必要はない。それによってパニックになるし、自身の能力に対する自信を弱めることにもなるだろう。誰にでも常に1日（そして次の日、また次の日）がある。この1日で人生をより良くするために何ができるだろうと考えてみよう。1日は短いため、変化はさほど大きくないかもしれない。だが大事なのは、その積み重ねが大きな変化につながり得るということだ。

Tips　1日1日を焦らず着実に過ごすというテーマは、自己救済文学で数多く登場する。この自己救済運動は初め、1930年代のアルコール中毒者更生会（AA）の設立によって1つの広がりを見せた。「毎日少しずつ着実に」はAAの基礎概念だ。今では中毒症状快復のためだけでなく、意味のある人生の変化のための標語にもなっている。

109 日目

豊かさを測る方法は1つだけではない。

豊かさはもちろん、お金だけではない。
個々で異なる価値観を大切に。

Wealth Can Be Measured in More Ways than One

現代の資本主義社会では、お金がすべてものの最上位を占めているように見える。だが、そう考えると、大変なストレスを感じてしまい、時に人生を深みのないものにさえしてしまう。友情や家族、才能の開発といった他の様々なものを二の次と考えていたら、それらがもたらしてくれる価値を真に享受することはできない。さらに、もしお金が大事と考え過ぎれば、いかにそれを保持するかに神経をすり減らして本当にお金を大切にする気持ちを持てなくなる。

この金言は、価値の意味をより広く捉え、自分が「豊か」と感じられる他の方法を考えてみようと提案している。

Tips 人によって様々な解釈が可能な点で、効果的な言い回し。「方法は１つだけではない」と限定していないので、各人が自分の個人的な価値観に合わせて考えることができる。この世はまさに多くの価値であふれており、大切だと思うものを決めるのは個人個人だ。

110日目

誰かの心の中に生きていれば成功者だ。

成功とは富を得たりすることではなく、誰かの心に残るような優しさ、思いやりなどを身につけていること。

You Are Successful If You Live in Somebody's Heart

「成功」を定義する方法はたくさんあるが、私たちの多くは成功とは人が羨むような仕事をしていることとか高収入を得ていることであると考えがちだ。この金言は成功に関して、それとは違う見方を促している。もし誰かが自分を愛してくれたら（恋愛感情に限らず）、自分は「その人の心の中に生きている」ということだ。そして、相手の心の中に生きるために、優しさや友情、思いやりなどを身につける努力をすべきだ。そうすれば、新たな価値観における成功者になれるに違いない。

Tips この金言のインパクトは、successという語の定義を拡張し、通常考えられているよりも深い意味に焦点を当てている点。wealthやrichなど一般的にお金に関係する語の定義を拡張することは、自己救済の取り組みによくある技法だ。

111 日目

人生はあなたに何の借りもないが、あらゆるものを提供してくれる。

チャンスに満ちている人生で
ほしいものを手に入れるのは、自分の努力次第。

Life Doesn't Owe You Anything, but It Offers You Everything

人生は私たちに何の借りもない。人生は単に人生であり、今後もそうあり続けるだけだ。私たちは人生に何も貸していないのだ。しかし、人生と本当に真摯に向き合ってみると、人生はチャンスに満ちていることがわかる。人生は私たちに借りなどないのに、私たちが何をしてもそれを拒みもしない。手に入れたいものを決め、それを人生に取り込むにはどうすれば良いかも、人生において自由に判断できる。まさに人生は可能性に満ちており、その中で私たちはあらゆる選択と行動が可能なのだ。

Tips 高校（もしくは大学でも）の卒業式に臨む生徒のような若い人たちにふさわしいアドバイス。子どもというのは、あまりに多くのものを親から与えられるので、若者は時に何か特権を与えられたような気分になる。だが、大人になれば人生は変わり、そんな感覚は捨てなければならない。しかし、それにがっかりする必要はなく、進んで努力さえすれば目の前に広がるあらゆるチャンスをものにすることができるのだ。

112 日目

起こってしまった悪いことを許し、長く続かない良いことも許しなさい。

嫌だったり悲しかったりした思い出も
最高の思い出もすべて平等に思い出である。

Forgive the Bad for Happening. Forgive the Good for Not Lasting

物事は常に変化しており、永遠に続くものはない。人生が進むにつれて、楽しいことから悲しいことまで様々な出来事が現在から過去へと移り、そして遠い過去へ消えていく。何事も手放すことが大切で、悲しく痛々しい出来事は早く忘れるように、とはよく言われること。これが一種の許しだ。だが、最高に幸せな日々、永遠に続けばいいのにと思ったけれども、そうはならなかった日々や時間も許すことが必要だ。時間は楽しいとき、悲しいときの両方を等しく扱ってくれる。そのすべてを思い出にしてくれるのだ。

Tips 「許し」とは常にネガティブで傷つくような振舞いや状況に関連しているもの。その点でこの金言はずいぶん皮肉だ。楽しいときを「許すこと」は直観に反するように思えるが、もう少しよく考えてみると、最高に楽しい瞬間が永遠でないことを許すのに価値を見出すのはたやすい。そのような時間がずっと続けばいいと願うものの、確実にそれは過ぎ去るのだ。

113 日目

自然からヒントをもらい、自然の中でカギを見つけよ。

自然と向き合って自然から学ぼう。

From *Nature* Take Your Cues, in *Nature* Find Your Clues

人間は自分たちが実際には動物（チンパンジーとほぼ同じDNAを持つ哺乳類）であり、自然と極めて深く関わっていることを忘れがちだ。自然と切り離されているように思えるような人工世界を造り上げてきた。

しかし自然は、その秩序やリズムを通して、私たちに人生について多くのことを教えてくれている。自然を観察し、自然の生態系について知ることは、数えきれないほどの見識を与えてくれる。たまにはハイキングに出かけてみるのはどうだろう。自然は最高の教室なのだから。

Tips この表現の美しさは、cuesとcluesの脚韻と、非常に詩的な響き（歌詞のような）にしているこの2語の類似性（違いはlのみ）にある。Natureをイタリック体にしていることも注目に値する。そうすることによって、「自然」を何か崇拝すべきもの、賢い神のように見ていることは明らか。

8章

積極的な生き方の勧め

114 日目

完璧な瞬間を待たず、
この瞬間を選んで完璧に変えろ。

あなたにとって完璧な瞬間はいつだろうか。

Don't Wait for the Perfect Moment;
Take This Moment, and Make It Perfect

チャンスをつかみ取るための最良の瞬間を延々と待っているよりも、今この瞬間を最大限に活用すべきだ。どの瞬間にも自分のベストを尽くすチャンスが与えられている。

欧米思考では「今」というときすべてがチャンスだと考える。「チャンスのとき」は、待っていても来るものではない。「今」与えられた、この時間をどう最大限に生かすか？　を考えるから欧米人にとっては常に「チャンスは今」ここにあることになる。

「チャンスがない（少ない）」と感じている方は、こう考え直してみてはいかがだろうか。

Tips　perfectとmomentという２つのキーワードの順序をセミコロンの両サイドで逆転させるという、効果的な言葉づかいがなされている。これはプレゼンテーションやマーケティング、広告などでは一般的な手法。「ひねり」を伴うキーワードを繰り返し聞かせることは強力な言葉の技法だ。

115 日目

自分自身を受け入れる者にとって、拒絶は何の力も持たない。

自分自身を受け入れること。
そうすれば拒絶も怖くない。
そして前に進むのが欧米式。

Rejection Has No Power Over the One Who Accepts Himself

私たちはしばしば拒絶されることを恐れる。相手が恋人であれ、面接官であれ、誰もが人生のある時点で、あるいは何度も拒絶され得る。拒絶を好む人はいないが、それに負ける必要はない。最も痛々しいのは「自分はだめな人間だ」と思うことで、この自己判断こそ拒絶が引き起こす痛手の真の源。

自分自身を受け入れて好きになれば、拒絶はたやすく対処することができる。自分は最善を尽くした、そして多くの良い資質を持っていると信じて、人間は前に進んでいくものだ。

Tips 自己受容は最も重要な自己救済概念の1つ。このテーマについて書かれている本は多くあるが、欧米では一般的に、まず学校で幼い子どもに教えられる概念だ。子どもにとってクラスメートから拒絶されることは相当な痛手になり得るから。そのため多くの教師、スクールカウンセラー、そしてもちろん両親らがこの金言や同様のフレーズを使って教えているのである。

116 日目

1つのポジティブな考えが
1日をまるごと変えることだってある。

1日が始まるときに1つ、
ポジティブな考えで物事をスタートしてみよう。

One Positive Thought Can Change Your Whole Day

「自分はだめな人間だ」「誰も自分を好きになってくれない」…といったネガティブな考えによって私たちはどうしようもなく不幸な気分になる。

しかし、逆もまた真なりだ。ポジティブな考えにも大きな効果がある。ネガティブなスパイラルに陥っていると思ったら、その出口はこうすることかもしれない。1つのポジティブな考えで物事に取り組んでみて、その効果を感じること。

Tips　この金言は、ネガティブなスパイラルが始まる前、つまり1日の初めに特に効果的かもしれない。「運動をしているから極めて健康だ」とか「今日の仕事では自分のできることを披露するぞ」などと思うことで、その日1日をポジティブ思考で過ごせたり、前向きな経験ができそうな気分を強めてくれる。意識的にポジティブな考えにフォーカスすることは「是認」と呼ばれ、これは自己救済や自己愛において非常に価値のある考え方だ。「是認」のリストをおさらいすることで1日を始め、また終えるのを日課にしている人もいる。

117日目

今日1つのことしかしないのなら、人に親切にしなさい。

「誰かに親切にいること」が
1日をポジティブにしてくれる。
毎日のルーティンに取り入れてみてはどうだろうか。

If You Only Do One Thing Today, Be Nice to Someone

親切の大切さを強調している、愛らしいシンプルなアドバイス。毎日すべきことがいっぱいで、その多くは困難で意味のないようなものに思える。でも誰かに親切にすることは難しいことでも意味のないことでもない。おそらく1日をポジティブなものにする最も簡単な方法だろう。人に親切にすれば、自分自身も相手も気分が良くなり、まさにWin-Winだ。

だからこの金言は親切を最優先に、と助言する。もちろん、他に日々のルーティンタスクは多いだろうが、少なくとも「誰かに親切にすること」という1つのタスクをあなたの毎日のTo Doリストに載せてみてはいかがだろう。

Tips 大事なことの優先順位をつけるのに役立つので、このフレーズは有用だ。もちろん私たちは毎日1つのことだけをしているわけではないのだが、少なくとも親切という行為をその日の最優先としてプランに組み込むという点で有益だ。当然、そのことによって実際に親切な行いをするようにもなってくるだろう。

118 日目

感謝の態度を持てば、人生はより良いものとなる。

日本でも同じような考え方があるが、欧米でも同じこと。

Life Goes Better with an Attitude of Gratitude

人生に欠けていると思うもの（そしてそれを残念に思う気持ち）ではなく、人生における良いものに心のエネルギーを集中させ、それらに対して感謝の気持ちを持つことが大切だ。それができたとき、私たちは自然と、より幸せな人生を送ることができるようになるだろうということを、この金言は明示している。

Tips この金言は、その効果がattitudeとgratitudeという押韻によって醸し出されている。
自分がありがたいと思うものや人をリストアップすることで、毎日を始めたり終えたりするのが良いと言う人もいる。そのようにして「感謝の態度」を育むのも良いだろう。

119 日目

自分自身の言葉で彩れ。

伝えたいメッセージこそ、自分なりの言葉や表現で
言葉に彩りを持たせよう。

Paint with Your Words

誰もが素晴らしい芸術作品を創り出すような芸術的才能を持って生まれてきたわけではない。だが、それは美しいものを生み出せないということではない。自分の言葉で生み出す必要があるだけだ。

この金言は自分自身の言葉で表現することを強く勧めている。そうすることで、あなたのメッセージはより効果的で説得力を増したものとなり、さらに強い印象を残すだろう。

Tips 言葉をより「視覚的」にするのに役立つ技法は多数ある。本書でも紹介している比喩、繰り返し、押韻、修辞的な問いかけなどがそうだ。例えばTEDトークを見れば、プレゼンターの誰もが「自分の言葉で彩っている」ことがわかるだろう。プロのプレゼンを観察することは、あなた自身の言葉をより表現力豊かに、インパクトのあるものにするための最善策だ。

120日目

なぜやってみないのか。

疑問形で問いかけながら気づかせる
言い回しが英語らしい。

Who's Stopping You?

自分自身をしっかりと見つめるように促し、何かをすることを躊躇させているのはたいてい自分自身であることに気づかせてくれる名言。

もちろん上司や親、教師などが障害になっている場合もあるが、よく考えてみれば、何かをしようとする際にそれを妨げているのは自分自身であるときのほうがずっと多い。

怠惰なせいか、失敗やリスクを取るのを恐れているせいか。何らかのもっともらしい理由があるのだろうが、いずれにせよ自分を止めているのは自分で、やりたいと思うことをする力があるのも自分だということを覚えておくのが大切だ。

Tips 英語では極めて重要な修辞疑問文の卓越した一例。特に広告や本、スピーチ、ユーチューブ動画などで多く見かける表現方法。この種の疑問文は見た者をふと立ち止まらせ、考えさせる。そこが効果的。

121 日目

人生とはキットのように、
もたらされるもの。
それは自分自身で
組み立てなければならない。

人生はDIY。自分自身で一つひとつ
真剣に組み立ていこう。

Life Comes to You as a Kit. You Have to Put It Together Yourself

人生は最大の「DIY」だ。日々、あらゆる選択、あらゆる言動で、私たちは人生を「組み立てている」。そして、人生に非常に大きな価値があることを考えると、この組み立てには大きな責任を伴う。一度限りのもので、やり直しはきかないのだ。人生を大事な「DIY」事業と考えれば、選択や言動をより真剣に行う手助けとなろう。「人生には取扱説明書はついていない」という同じテーマに立った類似表現もある。

Tips 人生を箱に入れられて届けられる商品のように例えていてユーモラスな表現。箱の中は、最終的に役立つものとなるように、その組み立て方を考えなければならないピースでいっぱい、というわけだ。このユーモアあふれる意外な視点が、金言をパワフルなものにしている。

122 日目

大切なのは目的地ではない。旅程だ。

目的にたどり着くことも大事だが、
そこまでのプロセスはもっと重要かもしれない。
It's Not the Destination; It's the Journey

最終的なゴールではなく、そこに至るまでのプロセスについて考えるよう提言している。人生を旅に例えるのはよくある比喩だが、この言い回しは旅程の重要性に重きを置いている点で、その上をいっている表現と言える。

毎日、私たちは人生を前へと進んでいる。その毎日自体が各々に素晴らしい価値を持っているのだ。私たちの「旅程」は可能性に満ちている。

Tips　ビジネスやプロスポーツにおいてプロセスにフォーカスするのは極めて一般的。細部に注意を払い、まじめに歩みを進めることが最終的な成功につながる。チームのメンバーをプロセスに集中させたいと思っている監督や経営者、そしてあらゆる分野のリーダーたちが、目的を果たすためにこの表現をしばしば使う。

123日目

水を試すために入るのではなく、
波風を立てるために入れ。

欧米文化では水＝人生という比喩がよく使われる。

Don't Go Into Something to Test the Waters,
Go In to Make Waves

「水を試してみる」とは、温度を確かめるために足をちょっと水に浸してみること。まさに注意深く様子を見るやり方だ。一方、「波風を立てる」とは、（飛び込み台などから）勢いよく水に飛び込んだときの水が大きく波立つ様子を表している。あまり用心深くなり過ぎずに体全体で大胆に人生に飛び込め！　ということだ。「波風を立てる」は大きな影響を及ぼすことの比喩でもある。大きな影響を及ぼすためには大きなリスクを取れ、というのもこの金言の意味するところだ。

Tips すでに一般的に使われている水に関する２つの表現を組み合わせた、まさに効果的な言い回し。「水を試してみる（＝様子を見る）」と「波風を立てる」という２つを組み合わせることで、「水」（人生の比喩としても用いられる）に対する２つの全く違ったアプローチを味わうことができる。

124日目

成長は快適な環境の外にある。

成長するには、居心地の良さから抜け出して
自ら挑戦しにいかなければならない。

Growth Lies Outside Your Comfort Zone

「快適な環境」にいるのは気分がいい。確かに良い気分だが、成長するのにはあまり役立たない。成長するには、進んで自らをテストし課題に向き合う必要がある。あえてリスクを取り、不慣れであったり才能がないと思われるような仕事に挑戦してみたりすることだ。新たなことを始めたり、課題に取り組んだりしながら快適な環境から抜け出せば、今度は成長するチャンスのある環境に身を置ける。より強くなれるのだ。

Tips 「快適な環境」という言葉は、自己救済やリーダーシップ教育における重要な言葉。自分の「快適な環境」を「快適」と思い過ぎてはいけない。そこから抜け出す勇気を持つことが必要だと教えている。成長は人生で最も重要なものの1つと言えよう。同じ場所に留まらず成長へのチャンスをつかみ取ろう。

125 日目

先をしっかり見つめて、一歩前に踏み出せ。

日本語にするとわかりやすい金言だが、
身体の一部を比喩にした欧米らしい金言。

Keep Your Eyes on What's in Front of You,
and Put One Foot in Front of the Other

「千里の道も一歩から」という古い有名なことわざがあるが、この金言はそのバリエーション。目標が何であれ、それがいかに遠くても、前へ進むには一歩ずつが大切だということを改めて教えてくれている。その間、視点は向かう先に集中しなければならない。後ろや横を見てばかりいたら、木にぶつかってしまうこともあるだろう。だから、前を見て一歩一歩踏み出すことが成功へのカギなのだ。

Tips 欧米の思考では、身体やその部位がたびたび比喩として使われる。目は視野を表し、足はこの金言のように前進を表す。同様に、手も仕事を表すのによく用いられ、背中が忍耐を表すのに使われたりする。

126日目

人生は私たちにふりかかるのではなく、私たちのために、もたらされるのだ。

犠牲者意識を捨てて、人生と向き合ってみよう。

Life Doesn't Happen to Us, It Happens for Us

もし人生を自分にふりかかるものだと思うと、威圧的に感じるだろう。小さくて限りある自分に比べ、「世界」はとてつもなく大きくて複雑に見えるし、制御できないものに思える。しかし、自身を人生の受動的な犠牲者と考える必要はない。人生とは（たとえ困難を通してでも）成長の機会を与えてくれながら、自身にもたらされるもの、と考えることもできる。そう思えば、より自信を持って楽観的に毎日を迎えられる。

Tips　欧米の心理学や哲学では、癒しに重要な要素は「犠牲者意識」から解放してあげることとされている。「犠牲者意識」とは、自分がどうすることもできないくらい辛く不遇な状況の犠牲者だと思うことで、この感情を持つと、人生がとても恐ろしく不公平なものに思え、先に進むのが極めて困難になる。そんな「犠牲者意識」から脱却するために人生を違った観点から見てみようとアドバイスしているのが、この金言。

127 日目

ポジティブ思考ですべての問題が解決するわけではない。しかし、新たな問題が生じることもない。

問題解決にポジティブ思考は有用。

Positive Thinking Won't Solve All Your Problems, but It Won't Create Any New Ones Either

　ポジティブに考えるだけでは問題は消え去らない。だが、そうだとしても、それがポジティブに考えない理由にはならない。ポジティブ思考から何ら問題は生じないからだ。しかも問題により積極的に取り組めるよう、態度を改めさせてくれる。ポジティブ思考は問題を消し去る魔法の公式ではないが、問題解決への有用な手段であり、マイナス的要素は持ち合わせていないのだ。やらない手はない。

Tips　自己救済の動きが広まるにつれ、批判もつきまとうようになった。そしてポジティブ思考を単に自分に嘘をついている行為と考える人も少なくない。もし他の人や自分の心の声がポジティブ思考のことを意味のない妄想などと批判するのを聞いたら、この金言を思い出してもらいたい。

128日目

「できない（can't）」は4文字言葉だ。

あなたの語彙から「できない」を取り除こう。

"Can't" Is a Four-Letter Word

英語で「4文字言葉」と言えば口汚い言葉のことを指す。その多くが4文字だからだ（fuck、shit、cunt、damnなど）。4文字言葉は悪い言葉で、使うのは無礼とされているが、この金言はcan'tも4文字であるという偶然の一致を用いて、can'tを言うべきではないと言っている。

つまり、自分がしたいと思うことができないとか、ほしいと思うものが手に入らないなどと考えることはやめよう、ということだ。他の4文字言葉と同様に、can'tもあなたの語彙から取り除こう。

Tips　あまりに多くの汚い言葉が4文字から成るという事実が、「4文字言葉」を口に出して言うのがはばかられる言葉の代名詞にした。最初にこの用語が使われ始めたのはマスメディア発達の初期で、当時のテレビやラジオ、映画などは使用可能な言葉の基準を定める必要があった。

129 日目

奇跡は可能と思っても不可能と思っても、どちらも正しい。

だから、奇跡は可能だと思えば、
奇跡の扉は開くはず、と言うこと。

If You Tell Yourself Miracles Are Possible, or You Tell Yourself Miracles Are Impossible, You're Right

自身の思考力に関するユーモラスな格言。何かを真実だと強く思えば、その考えが与える影響力によってそれは真実となるかもしれない。そこで、人生をより良くしてくれることが起こる可能性を考えてみてはどうだろう。それがあり得ることと思えば、そうなるようなドアが開く。奇跡は起こらないと思っていたら、そのドアは永久に閉まったままだ。

Tips 英語のmiraclesはもともと宗教的な意味合いが強かったが、今日その意味は薄れ、「科学や論理で解明できないような神秘的で不思議な領域からのポジティブな兆候」と考えるのが一般的になっている。そのような考えに立てば、人間が生きていて思考や感情を持っているという事実でさえ一種の「奇跡」。「奇跡」をこの上なく特別な素晴らしい出来事と考えよう。

130 日目

熱意こそが自身の超能力だ。

熱意という超能力を生かそう。

Enthusiasm Is Your Superpower

子どもはよく超能力を持つことにあこがれる。大人になっても、もちろんあこがれる。だが実は、人間には誰しも超能力が備わっており、その最も力強いものの1つが熱意だ。熱意には活力、勇気、献身などが伴う。また、熱意は自分の考えに他の人たちを引きつけ、サポートをしたくなるように仕向けてくれる。今日あなたは熱意という「超能力」をどのように使うだろうか。

Tips スーパーヒーローたちがハリウッドを席巻している。コミックブックのヒーローはかつて、もっぱら子ども向けだったが、ここ30年ほどで大人にも大人気となった。それに加えて「超能力」という概念も広がりを見せ、メディアではアスリートやパフォーマー、政治家などを語る際にも使われている。SNS上でも「あなたの超能力は何？」のような話題がよく登場し、活発なやり取りに発展している。

131 日目

目的は自分自身より高く掲げよ。

自分を超えた他人や外の世界を人生の目的として
優先してみよう。幸せになるヒントがあるはず。

Serve a Purpose Higher than Yourself

幸せになりたいのは誰しも同じ。だから自分を幸せにしようと躍起になるのは当然のことだ。しかし自身の幸せばかりにこだわり過ぎると、不幸せになってしまうこともある。それではまるで、おもちゃがなくて泣いてばかりいる小さな子どものよう。大人は成熟から生まれる真の幸せを味わうために、自分自身より優先させるべきものがある。それは例えば、他人を第一に考えたり、世界にとって意義のあることをしたり…。最も幸せな人とは自身の利己的な欲望を越えたところに焦点を広げられる人のこと。

Tips 21世紀最大のベストセラーの1つ（同時に歴代屈指のベストセラー）がリック・ウォレン著『人生を導く5つの目的』だ。売上はなんと5000万部以上！　それだけ人生の目的を見つけたい人が殺到したということなのだろう。

132 日目

あらゆる成功した企業は人が取るのを躊躇したリスクを伴ってスタートした。とにかくにもリスクを取ったのだ。

成功したいのであればリスクを取ること。
リスクを恐れないこと。

Every Successful Business Started Out with a Risk Someone Was Afraid to Take, but Took Anyway

たいていの人間が取るのを恐れるような類のリスクを取ることなく、創業され成功した企業はなかなかないだろう。だが実は、こういった起業を始めた人たちも初めは恐れていた。しかし彼らはとにかくリスクを取ったのだ。私たち全員が起業を始めるために自らを鼓舞すべきということではないが、恐れることなく前進する気概があれば、独自のことを達成できる領域が、誰の人生にもあるということだ。恐怖心は誰の心にもあるが、それによって立ち止まる必要はない。

Tips リスクを取った偉大な起業家の物語は非常に人気がある。ウォルト・ディズニーは『白雪姫』を発表した1939年にすでに成功したアニメーターだったが、自分の会社と財産、名声を賭けた大勝負に出た。当時は、観客は長編アニメ映画には興味を示さないと多くの人が考えていたのだ。しかし映画は大ヒットし、全く新しい産業が生まれた。リスクを取るのを恐れていると思ったときは、このような話について読んでみると良いだろう。勇気づけられること間違いなしだ。

133 日目

崖から踏み出したときにだけ、現れる橋もある。

思い切った決断をするときは、
リスクを取っても行動しよう。

Sometimes the Bridge Only Appears When You Step off the Cliff

人間には「思い切った決断」と呼ばれることをしなければならないときがある。つまり結果について何の保証もないままに行動を起こすという場合だ。

今回はそんな思い切った決断をするにあたっての金言。前途には成功への道が十分に開けていると信じたいが、多くの場合そうはいかないだろう。とにかくリスクを取って行動していくうちに道が具現化され始めるのを祈るしかない。怖いことだが、わくわくすることでもないだろうか。

Tips　この表現は特にビジネス、とりわけ事業を始めつつある起業家にとってピッタリ。また転職や他市への引っ越し、さらに海外へ移住しようとしている人にもふさわしい。新たな冒険の門出に立っている人全員にとって素晴らしい金言だ。

134日目

申し分のない幸せの境地に達したら、前へ進み続けよ。

幸せは継続するものではない。
だからこそ、幸せの瞬間に感謝しよう。

When You Reach a Place of Complete Happiness, Keep Going

人間は幸せでい続けることはできない。今この瞬間に幸せでいられるだけ。この金言は、完全な幸せの状態を永続的に保つことを期待してはいけないとアドバイスしている。人生はいつも前へ進み続け、時には現状に退屈することがあるかもしれない（以前は楽しいと思っていたことであっても）し、新たな難題が姿を現すこともあるだろう。だから、いつかは思うようなものすべてが手に入り、結果的に申し分のない幸せが訪れることを目標とするような人生設計をすべきではない。代わりに、今この時、そして人生の絶え間ない流れにしっかりと集中しよう。

Tips　意外な終わり方をするユーモラスな格言。「申し分のない幸せの境地に達したのに、なんで、さらなる前進をしたいと思うだろう？そんな馬鹿な」と思うかもしれない。だが、そこがポイント。この言い回しの非論理的な展開が余計に注目を集め、結果として実際、非常に説得力のある金言になっている。

135 日目

死ぬまでに人に感動を与えることを熱望せよ。

人を感動させるような人生にしよう。

Aspire to Inspire Before You Expire

人生の目標として人を感動させることをするべきという意味。

内容は賢明だが、この金言はウケ狙いが主目的。Tシャツやコーヒーマグなどに書かれている類の表現だ。英語のネイティブスピーカーは常にこのような言い回しを面白いと感じると同時に、とても賢い言葉の使い方だと思うだろう。

Tips 秀逸な言葉遊びの一例。何と言ってもここでのインパクトはaspire、inspire、expireという3語が非常に似ていることにある。通常、expireは「死」の意味では使われず、励ましの格言で死について触れることも通常はない。ともすれば、それによって非常に重いメッセージともなり得るが、3語がとても効果的に作用しているためシリアスというよりも楽しげに響く成句になっている。

136 日目

しなかったことを後悔するよりも、したことを後悔するほうが良い。

やってもないことを後悔すべきではない。
やってみてから後悔せよ。

It's Better to Regret Things You've Done than Things You Haven't

自分の可能性を試そうと思って間違いを犯したり、愚かなことをしたりすることがある。しかし、いかにひどく失敗しようと、やってみたことを後悔する必要はない。何か新しいことに挑戦するのは勇気のいること。過去を振り返ってばかりいたり、失敗を恐れて挑戦することさえしなかったことを後悔するよりはるかに良い。新たなリスクを取ろうと決意したときは、このことを心に留めておこう。やってみての失敗を後悔したいのか。または、やってもみないことを後悔したいのか。後者を選ぶ人はほとんどいないだろう。

Tips リスクを取ろうかと考えているときに役立つ、素晴らしいモットー。積極的に勇気を持って生きることを促してくれる。教師や親が子どもたちと共有するのにも、うってつけのアドバイスだ。特に大人になろうとしている高校生などには有用。

137 日目

できないと納得した後でも、思い切ってやってみよう。

できないと限界を決めつけないこと。

After You've Convinced Yourself It Can't Be Done, Go Ahead and Do It

非論理的に見える点でユーモラスなフレーズ。もし「できない」のなら、どうやってやれば良いのだろう？ しかしこれがこの金言のポイントだ。時に私たちは、やらないための言い訳に自分の気持ちを利用することがある。要するに、人は実際には存在しない限界を勝手に決めているのだ。もし何かがいかに「不可能」かについて自身と「議論」ができ、それでも是非やってみたいと思うのなら、きっと自らが驚くような結果になり、できると思っていなかったことを成し遂げることもできるだろう。

Tips 今回のような「非論理的」な表現はとても役立つことがある。凝り固まった考え方から抜け出させてくれるからだ。「合理的」と考えられるものが、実は単に何かをする、しないと決める言い訳に過ぎないこともある。よって、非合理的に考えることは時に機械的な思考から脱出し、物事を新鮮な目で見る助けになる。

138 日目

世界で最も偉大な力は、何か新しいことを始めようとする決断だ。

何かを始めようとすることはストレスもあるだろうが、
楽しいことでもあり偉大なことでもある。

The Greatest Power in the Universe Is the Decision to Start Something New

これはゲーテの名言「あなたにできること、あるいはできると夢見ていることがあれば、今すぐ始めなさい。向こう見ずは天才であり、力であり、魔法だ」の一種のショートバージョン。確かに、新しい言語を習う、新しい街へ引っ越す、スポーツや楽器を習うなど何か新しいことを始めるときは、ものすごい質量の潜在的エネルギーが必要になる。何かの初心者であることはイライラすることもあるだろうが、少しずつでも進歩している自分を見るのはまた非常に楽しいことだ。

Tips　英語では強調を表すのに最上級表現を使うことがよくある。例えば、love「愛」やforgiveness「寛容」、gratitude「感謝」などは世界で「最も偉大な力＝(greatest power)」であると言われるのを聞いたことがあるかもしれない。もちろん、そのすべてがgreatestとは限らないが、要は序列ではなく強調が主眼であるということ。

139 日目

世界最大の部屋は、進歩の余地だ。

常に自分を磨いて努力して、
進歩していくことがいくつになっても大切だ。

The Biggest Room in the World Is the Room for Improvement

なんと素晴らしいアドバイスだろう。人はいかに熟練して学才があろうと、自身を磨くことに努力を続けるのが常に良い。そして、人生で多くを達成していないと感じている人にとっても、このアドバイスは同じように有効だ。自身を磨くことに集中するのに遅過ぎるということは決してない。進歩することの素晴らしい点は、人生がその方法を数多く提供してくれるということ。料理、芸術、仕事、語学学習など、その種類は限りない。上達できるものは常に身近にある。

Tips この金言のインパクトは、roomが全く異なる方法で使われていること。big roomといえば、もちろん建物内の「部屋」を思い浮かべるが、実際にこのroomが意味しているのは満たすことのできる「空間、余地」だ。これは愉快で記憶に残り、素晴らしい。とても貴重な英知を与えてくれる、心に留めるのにふさわしい名言。

9

章

努力と行動の勧め

140 日目

口先だけでは価値がない。

日本語でも似たような表現がいくつもある。
「言葉より行動」は世界共通の価値観。

Talk Is Cheap

言葉よりも最終的には行動がものを言うということを改めて気づかせてくれる。大きなことを「やる」と口で言うのは簡単だ。言葉は「安い」。努力という点では何のコストもかかっていないのだから。だが、口にしたことを実際に行動に移すのは努力が伴う分、よりコストがかかる。だからこそ努力の価値があるのだ。

Tips これと大変似ていて、かなり古い(おそらくシェークスピアの時代以来の)表現にActions speak louder than words.「行動は言葉よりも雄弁だ」(153日目)がある。これら2つの言い回しは一般的によく使われているが、「口先だけでは価値がない」のほうがぶっきらぼうで挑発的な響きがあるので、よりインパクトが強い。行動で裏付けられない限り、ただの言葉だけでは動かされませんよ、ということをきっぱりと言い切っている。

141 日目

言葉ではなく態度で示せ。

ビジネスでは言葉で説明するよりも、
視覚的なもので見せたほうが効果的。

Show, Don't Tell

この金言は「口先だけでは価値がない」（140日目）と似ているが、もう少しマイルドな響きがある。「口先だけでは価値がない」や「行動は言葉よりも雄弁だ」ほどは広く使われてはいない。ビジネスのプレゼンテーションなどではよく用いられている表現だ。プレゼンターは立証可能なデータやグラフ、表などを用いて要点を述べるのが良いとされ、あいまいな言葉よりも視覚的に見せながら話すことは説得力があるからだ。

Tips 北米の子どもたちは初等教育の一環として「発表会（Show and Tell）」という科目を学ぶ。好きなおもちゃや本などを持ってきて、それについて発表する。Show, Don't Tell「言葉ではなく態度で示せ」は、このShow and Tellをもじったもの。「発表会（Show and Tell）」が「見せる」と「語る」の両方の機会を子どもたちに与えている一方、「言葉ではなく態度で示せ（Show, Don't Tell）」という金言は明らかに「見せる」ことに重きを置いている。

142 日目

リスクを取るか、チャンスを逃すか。

多くの成功者もたくさんのリスクを取って
成功者になっている。

Take the Risk or Lose the Chance

多くの人はリスクを回避したいと思っている。すべてを失ってしまうのではないか、とかすべてが悪い方向に向かってしまうのではないか、などと危険を冒すのを恐れているのだ。しかし、リスクを避けてばかりいると、チャンスも逃してしまう。すべてが吉と出るとは限らないが、極めてポジティブな結果に結びつくものもきっとあるはず。リスクを取ることが、成功へのチャンスをつかむカギとなるのである。

Tips この言い回しは「起業家のマントラ(繰り返し唱える呪文、スローガン)」とも言える。エジソン、ヘンリー・フォード、ビル・ゲイツ、スティーブ・ジョブズなどの優れた起業家は皆、リスクを積極的に取った。彼らの驚異的な成功(もちろん数多くの失敗もあったが)は、この金言が価値あることを証明している。英語ではたったの7語だが、この7語があらゆる偉大な起業家の成功の秘訣を明かしているのだ。

143 日目

成功への道にエレベーターはない。自分の足で階段を上るしかないのだ。

努力なしに成功しない。

There Is No Elevator to Success. You Have to Take the Stairs

成功には努力、勤勉、そして時間が必要だ。真の成功への「近道」はない。しばしば成功とは「頂上」に上ることと考えがちで、エレベーターはその「頂上」に上る容易な方法だ。しかし、人生には努力のない成功などないと言っても良い。成功のためには、エレベーターに乗って楽に頂上まで運んでもらうのではなく、「階段を上る」、つまり自らの努力で一歩一歩階段を上らなければならないのだ。

Tips 人生を歩み始めようとしている若い人にとって、特に強いモチベーションとなる金言。卒業式などでも、はなむけの言葉として引用される有用な言い回しだ。

144 日目

やってみて失敗するのはOKだが、やってみることに失敗するな。

失敗してもやったほうがいい。
やらないことのほうが問題だ。

It's Okay If You Try and Fail, but Don't Fail to Try

この金言のように、失敗することは恥ではないと励ますことわざは多い。失敗によって私たちは成長し、新たな情報を得て、成功へつながる可能性が与えられる。だから失敗には何ら悪い点はないが、努力さえしないというのは考えものだ。

つまり、上手くいかないかもしれないことがわかっていたとしても最善を尽くせ、と教えている。

Tips コンマの両サイドで2つのキーワードの順序を入れ替えている好例の1つ。プレゼンテーションや広告のコピーなどでは一般的な修辞的技法で、極めて効果的だ。刺激的なスピーチを行うビジネスリーダーらが最もよくこの方法を用いる。

145日目

危険を冒すことを恐れるな。
そこにこそ果実がある。

果実を取るには枝に手を伸ばさなければ届かない。
枝を恐れ、リスクを避けていては、果実は取れない。

Don't Be Afraid to Go Out on a Limb; That's Where the Fruit Is

「大枝（limb）の上でさらに先に身を乗り出す」とは、何かリスキーなことをしたり、言ったりすることを例えた表現だ。例えば、敗戦記録を持つ野球チームを来シーズンの優勝チームに選ぶことなどもこの例。実際に勝つ確率は非常に低いように思われるからだ。しかし、リスキーな行動は「果実」に結びつくことがある。つまり、その果実（＝報酬）は、安全な場所にい続けようと「木」の最も頑丈な部分にしがみついていたら、とうてい手に入らないということだ。

Tips すでに一般的なフレーズであるGo Out on a Limbに言葉を足して、さらに記憶しやすくしている効果的な言い回し。「用心深くなり過ぎず、人生では冒険もしよう」と語りかける、非常に刺激的な表現でもある。

146日目

登頂が困難なほど、眺めは良い。

欧米でよくある比喩、登頂を使った金言。

The Harder the Climb, the Better the View

最もほしいと思うものほど、それを得るために多大な努力が必要ということ。登山者と頂上までの山道にたどり着くまでの奮闘や危険を比喩とした言い回しだ。登頂したとき、頂上からの眺めはさぞかし壮観なことだろう。努力や奮闘、リスク、挑戦はきっと報われると語っている。物事が困難と感じた際に前に進む勇気を与えてくれる一言だ。

Tips 登山という比喩は欧米社会では非常に一般的。目標について話しているときや、特にチームワークが必要とされるビジネス計画などで、よく使われる。登山は危険を伴うので、目標に到達するまで仲間を信頼する必要がある。経営者やチームリーダーら(スポーツの監督も)はチームを鼓舞し、メンバーが互いをサポートし合うように、この比喩をよく用いる。

147 日目

疲れたからといって立ち止まるな。終わったときに立ち止まれ。

疲れても諦めるなというアドバイス。

Don't Stop When You're Tired; Stop When You're Finished

この金言は非常に厳しいアドバイスのように聞こえるかもしれない。だが、本当に言おうとしていることは、諦めるなということだ。骨の折れる仕事に困難はつきもので、疲労困憊することもあるだろう。そんなときにはもうやめたいと思うかもしれないが、目標がどれほど価値のあるものかに改めて集中せよ、と述べている。そうすることで前に進む力、そして必要なときに自分を鼓舞する力を得る手助けになるだろう。

Tips　この表現は経営者が社員たちにさらなる努力を促す際に使うにはもってこいだろう。ビジネスでもスポーツでも、精神的および肉体的限界を越えるような努力が時には必要だ。そんな場面にぴったりの有益な表現だ。

148日目

運はハードワークの相棒だ。

努力すれば運がやってくる。
運に頼り切ってはいけない。

Luck Is Hard Work's Sidekick

この金言は運を頼りにしてはいけないと助言している。幸運は起こり得るが、人生の大きな部分にはなり得ないのだ。懸命に努力をすれば、きっと幸運のときは訪れるだろう。しかし、それは常にハードワークの相棒に過ぎない。運を「相棒」と捉えるのは、それを評価はするけれども頼りにはしないと考えるのに役立つだろう。

Tips　sidekickとは「相棒」を表す俗語。映画や小説で相棒は時に非常に重要だが、決して責任のある立場ではない。一番の好例はシャーロック・ホームズ・シリーズにおけるワトソン医師で欧米文学の重要なコンセプト。ドン・キホーテの相棒、サンチョ・パンサもまた有名な例だ。コミックではロビンがバットマンの相棒であり、ハリウッドの「相棒映画」においては常に先輩・後輩関係の2人が登場する。

149 日目

小さな変化が大きな影響を与えることもある。

良い習慣を日々続けてみよう。
それが大きな成功へと続くかもしれない。

Small Changes Can Have Huge Impact

日常のルーティンに小さくてもポジティブな調整を加えてみると（少し早起きをする、エクササイズをする、メール返信をもっと早くする、アルコールの量を減らす等々）、それが人生に及ぼす影響はいずれ非常に大きくなるかもしれない。大事なのはそれらを持続させること。良い習慣を続けることが、成功する幸せな人生へのカギとなるだろう。

Tips smallとhugeという単語を並置することでインパクトが出ている。対義語の使用は励ましの格言などでの常套手段。

150 日目

努力すればするほど、達成感も大きくなる。

成功しているプロのアスリートも人一倍の努力をして、
より一層の達成感と成功を勝ち得ているのだ。

The Greater the Effort, the Greater the Feeling of Achievement

優勝を目指して戦っているプロアスリートは大変な努力をしなければならない。だが彼らは知っている。世界のトップレベルで戦う唯一の方法は、他の人たちが想像するよりもっと懸命に長時間、進んで努力するかどうかであることを。人間は全員がチャンピオンになれるわけではない。しかし、努力を積み重ねることで自身の人生の「チャンピオン」にはなれる。そしてプロアスリートのように、努力が報われ必死に目指してきた目標に到達したとき、あなたはこの上ない喜びに包まれるだろう。

Tips The greater the ～, the greater the…「～が大きくなるほど…も大きくなる」やThe more the ～, the more the…「～が多くなるほど、より…になる」といった表現はよくある言い回し。文法の点では若干ややこしく感じるかもしれないが、要は「原因としての～」と「結果としての…」という2つのコンセプトを結びつける表現法と考えれば良い。

151 日目

成功は得ることにではなく、実行することにある。

モノで成功を測るのはやめよう。
自身がどれだけ向上したかが本当の成功。

Success Is in the Doing, Not the Getting

何を手に入れたかで成功の度合いを測るのは簡単だ。これだけのお金を稼いだ、こんなに有名になった…等々。だが、そのような「褒美」から得られる満足は一時的なもの。より大きな満足は、成し遂げた仕事や日ごとに自身が向上しているという実感からくる。それこそが真の成功。そこにフォーカスすれば毎日をよりハッピーにできるだろう。少なくとも不確かな賞品に期待するよりずっと良い。

Tips 教育の初期段階から、私たちは成功の「証拠」を見つけるように教えられてきた。通知表の好成績がその代表例だ。この「証拠」は大人になると、高収入や大きな家、高価な車などになる。だが最近では、「証拠」としての「褒美」を強調しないような取り組みが初等教育で行われており、自分が向上していると絶えず確認できることに重きが置かれるようになった。子どもたちはどのくらい進歩しているかで自らを評価するのだ。

152 日目

人間はその創造力を目が覚めている間ずっと駆使している。問題は、それを意識しているか、していないかだ。

無意識ではなく意識的に、
自分の持っていきたい方向に常に創造せよ。

You Are Using Your Creative Power Every Minute You Are Awake.
The Question Is, Will You Create Consciously, or Unconsciously?

私たちは常に何かを創造している。四六時中、心の中を行き交う言葉の数々、するべきことについて下す決断の1つ1つ、これらすべては創造されているのだ。

しかし、その創造を無意識かつ不注意な形で非常に流れ作業的に行っていないだろうか? そこで、この金言は別の選択肢を与えている。この不断の創造力を意識的に駆使して、自らが考えたいと思う思考を創造し、下したいと思う決断を下せ。きっと人生が変わる、と。

Tips 心理学、哲学、個人の成長などの分野では「無意識」や「潜在意識」の作用は、ホットなテーマ。良し悪しの問題ではないが、それは人生に極めてネガティブな役割を果たす可能性がある。そういった作用を相殺する手段を見つける必要があり、それが人生で手にしたいと思っていることについて意識するということだ。

153日目

行動は言葉よりも雄弁。

言葉でいくら言っても行動が大事。

Actions Speak Louder than Words

今でも非常によく使われる古くからの格言。口先ばかりで行動しない人間は必ずいるもので、彼らは大口をたたいてさえいれば人の印象に残ると思っている。しかし、評価されるものは言葉ではなく行いだ。物事を首尾よく成し遂げるには、単に口で言うよりもはるかに多くの努力が必要。行動が伴わない言葉に価値はない。

Tips 「ビッグマウス」は日常的によく見かける。彼らはメディアの好物のようなので、テレビにも多数登場する。もちろん言葉には価値があるが（例えば、本書で採り上げている金言はすべて、その言葉の価値によって選ばれている）、メディアが次から次へとビッグマウスを画面に映し続けるような世の中では、口先だけより決然とした行動のほうがずっと価値があることを忘れないでほしい。

154日目

卓越とは行動ではなく
習慣になっていることだ。

「継続は力なり」という
日本語にもある格言に非常に近い考え方。

Excellence Is Not an Act, but a Habit

良い習慣を持ち続ければ、卓越という最終ゴールに行き着ける。分野は関係ない。スポーツであれ、ビジネスであれ、芸術であれ、個人的な成長であれ、人生のあらゆる領域において最高地点に到達するには、そこへ導いてくれる何らかの日常的な習慣を持つことが必要だ。この日常的習慣はまさに極めて重要で、この金言はそのことに改めて気づかせてくれる。

Tips　この格言は一見ややわかりづらいかもしれない。多くのポジティブなフレーズが行動について述べているのに対し、これは行動を軽視しているかのようだ。だが、この表現のポイントは、行動を単独の孤立した事象と考えるのではなく、行動を1つの連続性の上に築く必要があるということ。もし1日に腕立て伏せを50回やるとしたら、それは1つの行動だが、二度とやらなければ体力強化にはつながらないだろう。一方、50回の腕立て伏せを毎日行うという習慣は大きな成果を生み出しうる。これが今回の金言の肝だ。

155 日目

あらゆる成功物語の中心にあるのは不屈の努力だ。

すべてのサクセスストーリーには、
失敗しても諦めない精神が不可欠。

Perseverance Is at the Heart of Every Great Success Story

サクセスストーリーには誰もが心引かれる。巨大企業をつくったエジソンやディズニーといった起業家の話、大逆転で優勝したスポーツチームの話などは誰もが大好きだ。これらの話はどれも、決して諦めず失敗によって自らを決めつけなかった人々の物語。あらゆる成功物語の中心に、不屈の努力があるように、自身の人生の中心にもそれを置くことはできる。そうすれば、自らが楽しめる独自の成功物語をつくることも可能だ。

Tips 「成功物語」は文化やエンターテインメントにおいて重要な役割を果たしている。欧米では成功物語は特にビジネスや政治、スポーツの世界で好まれている。いわゆる「アメリカンドリーム」はこの成功物語の一種で、貧しい生い立ちから懸命な努力を経て、ついに大きな成功を手にするというのが理想形だ。このような物語は'rags to riches' stories「無一文(rags)から大金持ちになる話」とも呼ばれる。

156日目

習うより慣れよ。

誰もが聞いたことあるこの金言は
アメリカでも同じように言われている。

Practice Makes Perfect

数ある励ましの格言の中でも最もよく知られ、よく使われている1つ。幼い頃から耳にし始め、以来ずっと、ついて回られているようだ。あまりによく使われているので決まり文句になってしまったが、極めてよくできたフレーズのため、その人気は不滅だろう。わずか3語だが、力強さはこの上ない。向上したければ練習せよ。成功したければ練習せよ。物事を成就するには努力と練習あるのみ。子どもから年配者まで通じる人生のシンプルなルールだ。

Tips 「習うより慣れよ」と同じくらい有名なのは、その重要性を強調した励ましの話でよく用いられるジョークだ。ある旅行者が生粋のニューヨーカーに道を尋ねる。「すみません、カーネギーホールにはどうしたら行けるでしょうか」。ニューヨーカーは答える。「一にも二にも練習ですよ」（その心は、旅行者はただ道順を聞いただけなのに、ニューヨーカーは彼がどうやったらカーネギーホールに出演できるかたずねていると思った、ということ）。

157日目

才能があっても努力をしなければ、
努力が才能を打ち負かす。

努力は才能にも勝る。

Hard Work Beats Talent When Talent Doesn't Work Hard

才能だけでは限界があるということを語った名言。努力を通して育まれない才能はほとんど使いものにならない。この表現はエジソンの有名な言葉「天才とは1%のひらめきと99%の汗（努力）だ」に近い。つまり、より重要なのは努力。実力が拮抗したバスケットボールチームがあるとしたら、より練習したほうのチームがほぼ間違いなく勝つだろう。一方のチームがより才能ある選手をそろえたとしても、相手と同じくらいの練習をしなければ、やはりもっと練習したチームが勝つ可能性が高い。これが今回の金言のポイントだ。

Tips　この表現はスポーツに関して使われることが多いが、ビジネスにも役立つアドバイス。企業は高等教育を受けた従業員（つまり「才能」）から素晴らしいアイデアをもらうこともあろうが、努力をしなければ競合他社に負けてしまうだろう。

158 日目

夢を見るのに年齢制限はない。

何か新しいことを始めたりするのに年齢は関係ない。

There's No Age Limit on Dreaming

何か新しいことを始めたり、新たな計画に取り組んだり、新しい冒険を始めたりするのに年齢は関係ないと、明快に述べている。「自分はもう歳だから」といった言葉は人生の後半を楽しむための力に深刻な影響を及ぼし得る、残念な考え方の表れだ。80代や90代でも素晴らしいことを成し遂げるのに夢中な有名人は数知れず。歳をとっても大きな夢を見続けることは可能だ。年配者は「こうあるべき」と思うことによって自らを決めつけてはいけない。何事も自分の選択次第だ。

Tips　年齢制限の概念に対して巧みにひねりを加えている1文。通常、年齢制限は何かをする（投票、車の運転、飲酒など）のに「若過ぎる」と言うがこの金言では年齢制限を逆の意味で使っているところが興味深い。実際、人間は、年配者に相応な振舞いを求め「年齢制限」を設けようとする傾向がある。そんな「思考制限」は捨ててしまおうと促しているのが、この金言。何かを夢見ることができれば、それを実現する方法もきっと見つけられる。

159 日目

有言実行せよ。

有言実行が大事なのは日本でも欧米でも同じ。

Walk Your Talk

口先ではなく行動を通して自分がどんな人間なのかを示しなさい、という意味の有名な格言。例えば、職場の良いチームリーダーであるためには、ただ指示しているだけでなく、他の社員と同じくらい積極的に働いていることを見せる必要がある。さらに、立派な人生の生き方について人にアドバイスをしたいようなときは、同じ土俵に立っているということを明らかにしなければならない。それが「話と歩調を合わせている」ということ。

Tips 2つの単語がとてもマッチしているところにインパクトがある。walkとtalkはわずか1文字違いで、脚韻も完璧。よって、覚えやすい形で自然にフィットする。実際、多くのロックの曲もこの語の組み合わせを用いており、イギリスのロックバンド、フォガットの「マイ・ベイブ」では「彼女の歩き方にぞっこんだ。話し方も大好きだ」と歌われている。

10
章

不安や苦悩、
焦りを
抱えているとき

160日目

困難は自分が誰であるかを
教えるのではなく、
自分が誰になれるかを教えてくれる。

困難を乗り越えて、より強い人間になろう。

Challenges Don't Show Us Who We Are, but Who We Can Be

私たちは困難や難局に立ち向かえるほど強くも賢くもない、としばしば怖がってしまう。だが一方で、困難は常にチャンスを提供してくれる。向き合い、乗り越えれば、より強くなれるのだ。この金言は自分の限界についてではなく、困難が自分をどこまで成長させてくれるかに心を砕くよう促している。より強い人間へ成長できると思えば、行く手に待つ困難を受け入れられるだろう。

Tips 人生における困難については激励的な言い回しが数多くあるが、このフレーズは困難に打ち勝った自分の将来像を想像してみようと語りかけている。困難を恐れるのではなく、困難に対処する前向きな方法を提言しているのだ。

161 日目

トンネルの終わりにある光は、跳ね返ってきた自分自身の光だ。

辛さから早く抜けて、光を探そうとするのでなく、そこに映る自分自身がどんな姿かを考えて信念を持とう。

The Light at the End of the Tunnel Is Your Own Light, Reflected Back to You

極めて辛いとき、まっ暗なトンネルの中にいるように感じる。そのようなときは辛い時期からついに抜け出せると思えるような「トンネルの終わりにある光」を求めるものだ。そこでこの金言は、トンネルの終わりにある鏡のことを考えてみようと提言している。その鏡は自分自身が放った光を自分に向けて反射している（自身が放った光で鏡に自身を映し出す）。最も辛いときでも自分自身の信念を持てば、「きっと乗り越えられる」と思えるようになるはずだ。

Tips 欧米文化では「内なる光」という概念はとても重要だ。詩や文学などに限らず、心理学や哲学にもよく登場する。自身の外面よりも内面を見つめるように示唆する、極めて重要な自己啓発概念。

162 日目

ポジティブな姿勢はネガティブな状況に勝る。

英文を見るとトランプカードを比喩に使っているのがわかるが、それがまた欧米文化らしい。

A Positive Attitude Trumps a Negative Situation

この言い回しはカードゲームを比喩として用いている。トランプにはカードに階位があり、位の高いカードが低いカードに「勝つ」。最高位のカードはスペードのエース。例えば、スペードのキングはダイヤのキングに「勝つ」ということだ。この金言は、ポジティブな姿勢を自分自身のスペードのエースと考え、そのカードには直面するネガティブな状況に打ち勝つ力があると認識するよう助言している。

Tips　カードのメタファー（隠喩）はポップカルチャーや文学で時折見受けられる。偉大なアメリカのロックバンド、イーグルスは代表曲の1つ「ならず者」で、「ダイヤのクイーンを引いちゃいけない。彼女は隙を見て、お前を痛めつける。ハートのクイーンに賭ければ間違いはない」と歌っている（この歌詞の意味は、お金よりも愛を選べということ）。

163日目

厳しい状況に直面するのは誰でも同じ。違いはどのように対処するかだ。

困難は乗り越えるべき試練であり教訓。

We All Face Tough Situations.
The Difference Is in How We Face Them

他人が何も問題を抱えていないように見えるときがあるかもしれないが、そんなことはもちろんない。誰にでも人生に様々な困難や挫折があるのは当たり前。避けて通ることはできないが、向き合う姿勢を選ぶことはできる。

厳しい状況に対処するポジティブな方法としては、例えば、勇気を出して各々の問題を自分を成長させてくれる教訓と捉えることも有効だろう。タフな状況が自分の持つ最高の能力を引き出してくれることだってある。

Tips　励ましのメッセージの多くは、人生の困難の中に価値を見出すようアドバイスしてくれる。これは明らかに、幸せで満ち足りた人生を送るための最も重要な「秘訣」の1つだ。今回の金言は、人生は辛いものだと感じている人や、状況を変えるのは向き合い方次第だと認識する必要がある人へのアドバイスとして格好の金言。

164 日目

窪みではなく、道にフォーカスせよ。

アメリカ人にはわかりやすい「窪み」という比喩は、
人生の苦難を表し、道を人生に例えている。

Focus on the Road, Not the Potholes

人生を旅に例えて苦難を「窪み」と表現している点が、どこかユーモラスな金言。もちろん窪みには対処して、それを乗り越えなければならないが、窪みは旅の焦点にはなりえない。道が自分をどこに連れて行こうとしているかに集中する必要がある。その道はいつも申し分ない状態とは限らないかもしれないが、それでもきっと自分の行きたい場所に導いてくれることだろう。

Tips 日本は土木技術がとても高い水準にあるので、窪みはあまりなじみがないだろう。しかし欧米の多くの国では道路管理が極めて杜撰で、窪みは日常的な悩みの種だ。例えば、アメリカに住んでいる日本人の多くは道路の状態にひどく驚いたりする。従って、この窪みという苦難の比喩は日本人にはあまりピンとこないかもしれないが、欧米ではとてもわかりやすいのだ。

165日目

現実は長い間ずっとつきまとう。それと戦おうとすれば、経験の差で打ち負かされるだろう。

現実には抗うのではなく、受け入れるべき。

Reality Has Been Around a Long Time.
If You Try to Fight It, It Will Beat You with Experience

現実は変えられるものではなく、それには異議を唱えることさえできないという内容のユーモラスな言い回し。状況は変えられるが、実際の状況を否定することによって変えられるわけではない。実際にはそうではないのに、常に物事がうまくいっているふりをするのは良い戦略ではない。それは現実と戦っているようなもので、何の役にも立たない。歴史的に見ても、それで良い結果を出した人間はいない。現実は「負けた」ことがないのだ。

Tips　現実に対して一風変わった見方をしている、インパクトのある格言。現実を（ボクシングの試合のように）対戦相手であるかのように例えている。格闘技では戦う者が持ち得る最も重要な武器の1つが経験だ。現実とは永久に付き合っていくものなので、それを人とみなした場合、極めて経験豊富な相手と対峙していると考える必要がある。

166 日目

状況が困難なときこそ、
たくましい者が力を発揮する。

どんな辛い状況に直面しても、たくましくいること。

When the Going Gets Tough, the Tough Get Going

おそらくスポーツチームのロッカーか行軍中の兵士たちを起源とする古いことわざ。監督や軍司令官の発する励ましの言葉で、極度な試練を与えてくるような状況で用いられる。そのメッセージは、ひどい逆境に直面しても諦めずに、たくましくならなければいけないということ。

Tips この金言の特に前半部分は言葉の使い方が通常と少し異なる。the going gets toughはthe situation gets toughと同義で、goingが「進展する状況」という意味で使われている。状況がもっと困難になる方向へ向かえば、the going is tough(またはrough)と言う。後半部分のget goingは「力強く前へ進む」という意味。号令として親や教師、監督などがよく使う。

167日目

道にある岩は歩みを止めさせるか、より良い眺めを見させてくれるかのどちらかだ。

挫折や障害にぶつかったとき、
視点を変えるだけで捉え方を変えられる。

The Boulder in the Road Can Either Stop Your Progress or Give You a Better View

物事の視点に関する秀逸な名言。グラスの中の水はまだ半分残っているとも、もう半分しか残っていないとも見ることができる、という有名な成句とよく似ている。さて、ハイキングに出かけたと想像してみてほしい。山道で大きな岩が行く手を阻むかもしれない。だが、その岩に登れば、今まで見えなかった素晴らしい景色を望むことも可能だ。この金言は人生における挫折や障壁にどう対処するかの比喩。その気になれば、そこから何かを学び取ることもできる。逆境を乗り越えるための新たな視点も得られるだろう。

Tips 視点を変えるようにとアドバイスする表現は数多くあり、人気も高い。それらは今回の金言のように（半分水の入ったグラスの例えもそうだが）、比喩をよく活用している。物事についてよりポジティブな視点を養うことは、幸せな人生を送るための最良の方法の1つ。状況はいつも変えられるわけではないが、もっと前向きに捉えることはできる。

168日目

最も暗い雲は上空から城のように見える。

視点を変えれば、雲は壮観なものであり、
雨を降らせる厄介なものでもある。
ものの見方を変える大切さを教えてくれる比喩。

The Darkest Clouds Look like Castles from Above

飛行機の窓から外を見て、上空から壮大な雲を見たことがあるだろう。実に壮観な光景だが、その同じ雲が10キロメートル下の人々の上に雨を降らせているかもしれない。これは視点の違い。人生においては、どうやったら「雲」の上に昇ることができるか。もしより高い視点が持てれば、物事の見え方は、より明るくなるだろう。何か問題があっても、飛行機のようにその上を飛べるような部分が私たちにはあることを、ぜひ覚えておこう。

Tips　1970年代のアメリカで最大のヒット曲の1つが、ジョニ・ミッチェルの「青春の光と影」だ。1番の歌詞で雲の例えが使われており、かつては雲を「空にあるアイスクリームの城」と思っていたが、今では皆に雨と雪を降らせるものとわかったと歌っている。そして、愛や人生もなんと「両面」（プラスとマイナスの面）から見られるのだろう、と歌い進めている。

169 日目

内なる力を秘めていると信じれば、世界はジムだ。

試練に立ち向かうという「エクササイズ」をすることで
内なる力を鍛えよう。

When You Believe That You Have Inner Strength,
the World Is a Gym

試練に向き合う愉快な方法を教えてくれる金言。試練を、ジムにある筋肉を鍛えるためのトレーニング器具に例えている。筋肉の代わりに、内なる力を鍛えるのに役立つのがこのような「器具」だ。困難な状況を恐れたり、そこから逃げたりする代わりに、自分は内なる力を秘めていると信じるようにしてみよう。試練に立ち向かい「エクササイズ」することだけが、内なる力をさらに強くしてくれる。自分を破滅させようとしているものではなく、自分がより強く成長する助けになるものと試練を考えよう。

Tips これは素晴らしい比喩表現。ジムは痛みや疲労を経験する場所だが、それらが身体を鍛えてくれるとわかっているので、実際に私たちはそういった経験を欲している(そして、そのために喜んでお金を払う)。これにより、この金言は困難な状況に向き合う(そしておそらく、それを楽しみにしさえする)非常にポジティブな方法を示唆してくれている。

170日目

前回の失敗が最良の教師。

「失敗は成功のもと」は、
欧米でも日本でも通用する考え方。

Your Best Teacher Is Your Last Mistake

失敗を恐れることによって人生は限られたものにもなる。失敗したくないせいで、やってみようともしないこともあるかもしれない。しかしこれは失敗に向き合う正しい態度ではない。「失敗は成功のもと」だ。人間は失敗から学び、知識を得て前に進む。何かを教えてくれるために失敗があるということがわかれば、失敗を恐れる必要はない。あなたの「前回の失敗」は何だろうか。そこから何を学んだだろうか。失敗をするたびにここから何を学べるかと問いかけるようにすれば、やがてあなたは失敗をするのが楽しみになるかもしれない。

Tips bestとlastという似た音によって効果的な韻を踏んでいる。2語とも短く、stで終わっているため、後者を聞いたときに前者を思い出すのだ。単語中の主な音の繰り返し（同じ文字で始める、韻を踏む、ここでの脚韻など）は、言葉を人に印象づける効果的な手法だ。

171 日目

失敗は努力の証だ。

間違いは恥ずかしくない。「失敗は成功のもと」という
日本語でも似たような考えがある。

Mistakes Are Proof That You Are Trying

たいていの人は子どものとき、大きな失敗をして笑われた経験があるだろう。そのせいで失敗を恐れ、何かやってみようと努力することをしなくなる。何かをやってみようと努力することは最も重要な行為の1つで、成功につながることだ。かつてエジソンは、電球を発明するまで1万回もの実験を行った。つまり1万回も「失敗」したということだ。その1つ1つがエジソンを成功へと導いた。失敗を教師がくれる小さな「バッジ」だと考えよう。その1個1個が努力の証だ。

Tips 自己救済やモチベーション分野で重要な「再構成＝リフレーミング」の好例。「再構成」とは、ネガティブなものをポジティブな考え方によって変容させること。ここでは、失敗は恥ずかしいことではなく、誇らしいものに「再構成」できると述べている。

172 日目

あなたが犯し得る最大の過ちは、自身の過ちのために自分を嫌いになることだ。

間違えることよりも、間違い犯した自分を惨めに思うことのほうが問題だ。

The Biggest Mistake You Can Make Is Hating Yourself for Your Mistakes

過ちによって人の価値が下がるわけではない。とは言え、人は間違いをするとしばしば自分を見下して、「自分はだめな人間だ、負け犬だ」と思ってしまう。そんなネガティブな考えが自己嫌悪につながり、自分を嫌いになれば惨めな気持ちになるのは明らか。この金言は、過ちを犯すことよりも過ちのために自分をけなすことのほうが大きな間違いだと述べている。折に触れて心に留めたいメッセージだ。

Tips　mistakeという単語を複数回使うことによって効果が増している。ここでは反復によって、「間違いをすることは間違いではなく、間違いをしたことで自分をけなすのが間違いだ」といった具合に間違いの定義を変えている。この手法により単語の意味が再定義され、言葉の持つ力もより強くなる。

173日目

羨望は称賛に変えよ。

羨望しているだけでは惨めになるだけ。
そのエネルギーを称賛に変えて自分の糧にしよう。

Change Envy to Admiration

羨望とは嫌な感覚だ。他の人が自分より成功していたりすると、なぜ人生は彼らにだけほしいものを与えるのだろうなどと思ってしまう。時に他人が持っているものに嫉妬して実に惨めな気分になる。

一方、称賛は素晴らしい感覚だ。ポジティブな感情で、称賛に値する人々は私たちにやる気を起こさせてくれる。

だから、嫉妬深い考えに陥ってはならないのである。嫉妬は称賛に変えるべきだ。人のスキルや才能を褒め称えよう。彼らを自分自身を高めるための引き金として自分を鼓舞するのだ。他人の成功にはあなたが成功するためのヒントが含まれているのだから。

Tips 「羨望」と「称賛」がコインの両面のようになっている点で、この金言は効果的。
私たちが時として成功した人に対して持つ2つの感情だが、これらは互いに密接に関連していると認識することによって、「羨望」から「称賛」へとスムーズに気持ちを切り替えられる。

174 日目

「人生は辛い」が考えの出発点なら、「そして自分は強い！」を終着点にしなさい。

辛くても自分の強さを信じれば、どんな問題にも打ち勝てる可能性があるものだ。それこそ「プロの人間」。

If Your Thought Starts Out with 'Life Is Hard,'
Finish with, 'And I'm Strong!'

人生を難しいもの辛いものと感じるのは簡単だ。個人的な問題だけでなく、世界には大きな問題が山積みだから。それによって落ち込むこともあるだろうが、「人生は辛い」と考えることは、ただ諦める口実を自分に与えているに過ぎないのではないか。だから、そのような考えを「修正する」必要がある。ポジティブさを注入するのだ。「そして自分は強い！」という考えで締めくくれば、すべてが変わる！

プロのアスリートは常に試合が厳しくなることを予期して臨むが、自分自身の力を信じている。その試合がいかにタフであろうと、常に勝つ可能性があることを知っている。それがプロだ。

あなた自身を「プロの人間」であると考えよう。あなたには困難に対処する力がある。

Tips この金言は、ネガティブで無力な思考をポジティブで前向きな思考に変える方法を明示しており、秀逸だ。

175日目

夜明け前がいつも一番暗い。

もっとも辛い時期のあとは、希望が待っている。
It's Always Darkest Before the Dawn

実際には夜明け前がいつも一番暗いわけではないが、日の出前の数時間は空が一番暗いというのは一種の常識だ。それは大気の状態や月の満ち欠けなどにもより、科学的に事実でないとしても、この表現は人生にとって素晴らしい比喩となっている。人生でもっとも辛い時期をdarkest「もっとも暗い」と例えているが、そのもっとも辛い時期を超えたところにはdawn「夜明け」、つまり希望の光が待っているのだ。辛いときこそ歯を食いしばって夜明けを迎えようと訴える希望の言葉。

Tips この金言を効果的なフレーズにしている1つの要素は、darkestとdawnという2語。両者にdの音があり、似た響きになる。1文中に同じ音が繰り返されることは頭韻として知られ、キャッチコピーなどではおなじみだ。クラーク博士の有名な言葉「Boys, be ambitious（少年よ、大志を抱け）」も、bの音がBoysとBeとamBitiousで繰り返されている。

176 日目

笑いは最良の薬。

「笑う門には福来る」に近い。
欧米でも笑いの重要性を教えてくれる言葉。

Laughter Is the Best Medicine

実際に、科学的な裏づけがあるとも言われている金言。笑いは本当に健康に良い面があり、気分を良くするだけでなく、免疫システムに作用して痛みを和らげる物質、エンドルフィンを放出させる。笑いのおかげで、うつ病やガンまでもが治ったと言う人もいる。この表現は一見、比喩のようだが、単なる事実だとも言える。ユーモアが幸せな人生にとっていかに大切かを再認識させてくれる言葉。

Tips 薬というとたいてい錠剤や注射などの無機質なものを思い浮かべる。そして私たちは錠剤や注射のような薬を必要だと思うが、楽しいものではないこともわかっている。この金言はそんな認識を変え、薬という概念を何か喜ばしく楽しいものとして見直すきっかけになるだろう。

177 日目

私たちは自身の最悪の敵にもなれるし、最良の友にもなれる。

永遠の伴侶とは自分自身に他ならない。
だからこそ、一番自分をハッピーにしてくれるのも、
自信をつけてくれるのも、自分自身だと知ろう。

We Can Be Our Own Worst Enemy or Our Own Best Friend

最も一緒に時間を過ごす人物は自分自身だ。では、この「永遠の伴侶」とどう過ごすのが良いのか。絶えず自身を評価して批判する？　それでは惨めな気持ちになるだけだし、一緒にいたくもない。そこで、自分の親友に言ってもらいたいことを考えてみよう。ハッピーで、自信にあふれる気持ちにしてくれることだ。あなたは自分でその友人になれるのだ。

Tips　この金言は、絶えず自分の頭の中を巡っている「内なる会話」に言及している。それを制御し、敵ではなく友の言葉で満たすように、という助言だ。ネガティブな心の声をかき消すのは容易ではないが、不可能ではない。

178日目

交響曲を美しくしているのは高音と低音。

良いときと悪いときという波があることが
人生に意味を与えている。

It's the Highs and the Lows That Make the Symphony Beautiful

私たちに感動や喜びを与えてくれる音楽は、ずっと中音域にとどまっていることはない。それではあまりに単調で記憶に残らないだろう。どんなジャンルでも、最高の音楽というものは下降したり上昇したりする曲調が特徴だ。これは私たち自身の人生の秀逸な比喩でもある。人間の人生も良いときと悪いときがあり、それが人生を忘れがたく意味のあるものにしている。その多様性すべてにおいて人生を大切に生きるようにしよう。

Tips highs and lows「高低」やups and downs「浮き沈み」、high points and low points「最良の時期と最悪の時期」は人生を描写するのによく使われるフレーズ。試練を経験することを表すのにgo through a lot of ups and downs「多くの浮き沈みを経験する」などと言ったりする。また、歌手や俳優などのパフォーミングアーティストは、インタビューで自身のキャリアのhigh points and low points「最良の時代と最悪の時代」を振り返るかもしれない。人生について語るのに非常に多用される表現だ。

179 日目

星は輝くために暗闇を必要とする。

人生の辛い経験も自身の強い内面を知るために
必要な黒闇だ。

Stars Need Darkness in Order to Shine

夜に見えるのと同じ星（最近では多くの星を見るのに都会から離れた場所に住む必要があるが）が、日中でも空には存在している。太陽の明るさが星の光に勝っているので見えないだけだ。太陽のない暗い空の中でのみ、星の美しさが引き立つが、このことは人生の素晴らしい比喩にもなっている。人も皆、人生の辛い経験を通してのみ知ることができる強い資質と品格を内面に持っているからだ。つまり、自身の光を認識するには暗闇が必要とも言えよう。

Tips 自己救済やヒーリングの世界では、ネガティブな経験の中にポジティブな事柄を見出そうとするのが一般的。欧米文化では「ヒーローズ・ジャーニー」と呼ばれるものであり、そこでは主人公の最高の能力が現れるまで多くの試練に耐えなければならない。このパターンは『スター・ウォーズ』『ロード・オブ・ザ・リング』『ハリー・ポッター』『ライオンキング』など、ほぼすべての人気冒険映画に見受けられる。ポップやカントリー音楽にもよくあるテーマで、欧米文化の中心的なテーマの1つだ。

180 日目

手放すべき最も重要な癖は、諦める癖だ。

欧米人にとっては「諦めは肝心」ではない。

The Most Important Habit to Give Up Is the Habit of Giving Up

この金言は、give upの2つの異なる意味を用いた言葉遊びが面白い。give upの1つの意味は、甘いものを食べ過ぎる習慣をやめるといったような「やめる、放棄する」だが、「諦める」という意味もある。ここでは、その両方の意味が使われている。つまり、give upの二重の意味で言葉遊びをしながら、諦める癖をやめるようにと促しているのだ。

Tips 複数の意味を持つ単語や表現によって、英語ではたくさんのユーモアが生まれている。多くのジョークのオチは1つの意味を別の意味に置き換えることで生まれるが、上記のような励ましの言葉でもよく使われている。

181 日目

転んだら起き上がることを生き方にしよう。人生には起き上がることを選ぶ道しかない。

挫折をしても起き上がればいい。
むしろ、起き上がるしかない。

Make Falling Down and Getting Up a Way of Life.
You Only Get to Choose the Latter

無数の挫折を経験せずに人生を歩む方法はない。人生は1人1人に一定の間隔で挫折をもたらす。しかし、それにどう対応するかは個人の選択の問題。挫折をしてもその度にまた起き上がる人生になるよう努力することは可能だ。もちろん、そうすることは容易ではない。しかし、再び起き上がらないということは、つまり諦めて逃げるということ。それでは幸せにはほど遠い。そんな挫折に打ち負かされないよう元気づけてくれるのが、この金言。

Tips 時を耐えている友人に贈るのにも良いだろう。経験しうる人生の困難さを現実的に捉える手助けとなり、勇気や不屈の努力の力強いメッセージを与えてくれる。

182日目

未来について心配するのは、雨が降っていないのに傘をさすようなものだ。

雨が降っていないのに傘をさしていたら
おかしくないだろうか。不安もそれと同じこと。
起きてから考えれば良い。

Worrying About the Future Is like Holding an Umbrella Up Even When It's Not Raining

多くのポジティブな金言は不安を払拭することに関連しているが、それは偶然ではない。賢い教師らは、昔からおそらく不安こそが幸福への最大の障害であると諭してきた。この金言も、「雨が降ったらどうしよう？」と常に傘を持ち歩いている人を見事に比喩として用いている。雨が降ったら、そのときになって傘をさせば良いだけの話だ。不安とは、将来的に起こるか起こらないかわからないものにエネルギーを浪費するようなもの。未来のことを心配するよりも今この瞬間にするべき、より良いことを考えたほうがいい。

Tips この金言が優れているのは、全くの馬鹿げたイメージを提供している点。良識のある人なら、雨に備えて常に傘をさしていようとは思わないだろう。しかし考えてみれば、常に不安がっているのも馬鹿げたことではないだろうか。私たちが当たり前と思いがちなこと（不安に思うこと）を改めて考えさせてくれる金言。

183日目

外に出てみれば問題は小さく見える。

外に出れば、自分の世界が小さく感じる。
問題や不安も小さな世界の小さなことだと気づくのだ。

Problems Seem Smaller When We Step Outside

見慣れたものに囲まれた自分の部屋に座っていると、自分を「宇宙の中心」だと思いやすい。しかし問題や不安に直面したとき、その「宇宙」が極めて敵意のあるものに思えてくる。そんなときは外に出てみよう。自分がはるかに大きな世界の極めて小さな部分に過ぎないことがはっきりとわかるだろう。もし自分が「小さい」世界にいるのなら、抱えている問題ももっと小さくなるのでは？　自分の部屋から抜け出してみれば、より広い視野から物事を見ることができるというアドバイス。

Tips　簡単な行動（外に出て、散歩など）を取るように促し、そのことが自らの姿勢に大きな違いをもたらすと示唆している。考えることは大切だが、実践的かつポジティブに行動をすることも同様に重要だということである。

184日目

恐れることを恐れるな。

恐れを認め、それに立ち向かい、克服することが必要。

Don't Be Afraid of Being Afraid

フランクリン・ルーズベルト米大統領は、第二次世界大戦に臨む心構えとして「恐れるべきものは恐れ以外に何もない」とアメリカ国民に呼びかけた。有名な演説だ。私たちは人間として、恐れが人生の一部になることを受け入れなければならない。恐れ知らずのように見える人でさえ、恐れに立ち向かい、最終的にそれを克服してその域に至ったのだ。恐れの感情が時々、心に湧くことは認めなければならない。しかし、その恐れを恐れるのではなく、それに向き合って、目の前の難題を切り抜ける努力が必要だ。

Tips 「メタ」の要素を取り入れている点で、面白いフレーズ。「メタ」とは自己言及の一種で、例えば、筋書きがその劇を監督している監督に関する劇があったとしたら、それはメタだ。文学や哲学などではよく使われる手法。今回の言い回しでは、「恐れ」がメタになっている。恐れることは構わないが恐れを恐れるのが問題というメタの形は、恐れの対処法として有用だろう。

185日目

人間は山であり、
厄介事は風のざわめきだ。

不安や心配は時間が経てばいつか消えるもの。
でも人間そのものはずっといるもの。

You Are the Mountain. Your Problems Are Whispers in the Wind

風が過ぎ去れば、そのそよぐ音ももはや聞こえないが、山は依然としてそこにあり毅然として立っている。これは私たち自身の比喩としてふさわしい。問題はやって来ては去ってゆく。おそらく3週間前、いや3カ月前、3年前に何について悩んでいたかなど思い出すことすらできないだろう。そのすべては過ぎ去ったが、自分自身は依然ここにいて、山のように堅固に強く立っているのだ。自分自身を大きくて力強くて永久的なもの、そして不安や心配は一時的でさほど重要でないものと考えるよう勧めている。不安や心配はやって来ては消え去るのだ。

Tips　whispersとwindのw音の頭韻が、この金言をとても美しく、詩的な表現としている。w音の柔らかさが山の強くどっしりとしたイメージと見事に対照を成している。自分が自身の抱えている問題よりも大きい存在であることを感じさせてくれるが、これは心理学や哲学の分野では極めて重要。

11
章

未来を見つめ
今を生きることの勧め

186 日目

今日という日は贈り物。
だから「プレゼント（現在）」と呼ばれる。

今という時間をプレゼントに変えよう。

Today Is a Gift. That's Why It's Called 'the Present'

presentという言葉の2つの意味を生かした秀逸な金言。presentには「現在」と「贈り物」両方の意味がある。同じ単語でまったく違う意味があるのはただの偶然だが、この偶然は素晴らしい。「現在」が「贈り物」なのだ。私たちはこの現在という瞬間に、新しいことを生み出したり、新たな関係を築いたりと様々なことができる。1日の使い道は人それぞれ。使い方次第で本当の贈り物になる。

Tips　これはおそらく同音異義語を用いた金言の中でも最も有名な言い回し。だが、似た響きを持つ言葉の連続はジョークや笑い話、広告などでもよく見受けられる。例えば喫茶店で、コーヒーの香りからその風味が予想できることを「the nose knows（鼻でわかる）」と言うのもアリだ。

187 日目

今日やる仕事は、将来の自分に書く小切手だ。

欧米では小切手は重要な有価証券。

The Work You Do Today Is a Check You Write to Your Future Self

1日中仕事に没頭することは難しい。特に、もっと面白そうな誘惑があったりする場合は…。しかし、私たちにあるのは今日という1日だけではない。これからの長い未来があり、自分の時間の使い方を決めるには将来のことを考えるのが大切になる。怠けたり非生産的になったりすることで、将来の自分を苦境に立たせたくはないだろう。「小切手を書く」とは現在、そして未来のために良い仕事をするということだ。

Tips 小切手は日本ではあまり一般的ではないが、欧米では重要な有価証券だ。小切手は将来に現金化されるので、この表現における小切手という考え方はとても効果的に作用する。ただ現金を手渡したり銀行振り込みしたりするのとは違い、小切手は今日書いたとしても、現金になるのは今週末か来週か、または来月末か…。従ってこの金言は、今していることが将来に直結すると端的に示唆している。

188日目

ほぼ毎日を発見に費やせ。
ただし、オフの日も確保すること。

オンとオフのバランスを大切に。

Make Most of Your Days About Discovery,
but Keep Some for Recovery

人間は心も身体も元気を取り戻すための「オフの時間」を必要とする。常に突っ走ってばかりではいられない。だが同時に、満足した人生を送るために「発見モード」で大半の時間を過ごすことも必要だ。自分自身や世界、芸術、他の人々など、興味があって人生に意味を加えてくれるようなあらゆる事柄について新たなことを知る必要がある。

Tips discoveryとrecoveryの類似によって記憶に残る言い回し。欧米文化では日曜日は「安息日」に充てられているので（神でさえ万物を創造した後で日曜日に休息を取ったと言われている）、この金言は欧米の歴史に深く根ざしていると言える。この金言は、そんなオンとオフのバランスを保つことの大切さを語っている。

189日目

辛過ぎもせず、楽過ぎもしない人生を生きるようにせよ。

試練と楽しい時間のバランスが
ちょうどいいのがベストな人生。

Try to Live a Life That Is Neither Too Hard nor Too Easy

辛い人生は楽しくないが、一方で楽過ぎる人生も成長の機会を与えてくれない。「良い」人生とはそのバランスが取れている人生と助言しているのが、この金言。人間は自身に課題を課すことが必要だが、同時にリラックスしたり楽しんだり友人と交わったりする時間も必要だ。試練と安楽の両方を兼ね備えた人生がベストと言えよう。

Tips この格言から思い出されるのは、ゴルディロックスという有名な童話（英語圏ではほぼすべての子どもが知っている）。主人公の女の子ゴルディロックスは熱過ぎる「かゆ」も冷た過ぎたりする「かゆ」も食べようとせず、「ちょうど良い温かさ」のときだけ食べようとする。単純でいくぶん馬鹿らしい話だが、ここからもバランスの必要性が伝わってくる。

190 日目

未来の自分に感謝されることを今日しよう。

未来のことを思って、
今日、そして毎日ポジティブなことをすれば未来も明るい。

Do Something Today That Your Future Self Will Thank You For

映画『バック・トゥ・ザ・フューチャー』の登場人物のように「タイムトラベラー」になりたいと思ったことはあるだろうか。それはある意味、実現可能だ。今から1週間後、1年後、10年後…未来の自分は人生を過ごして様々な経験をしているはずだから、誰もがタイムトラベルをしていると言えるだろう。今日の、そして毎日の決断は未来の人生と経験にとても大きな影響を及ぼすだろう。だから自分が生きるであろう未来に良い影響を与えるポジティブな行いを、毎日やってみるべきだ。

Tips この金言は、未来を漠然とした抽象的なものではない、とどこか考えさせてくれる。未来と個人的な関係を築くには今できることをすべきだ、と。ポジティブな方向へ自分の人生を動かせば、未来の自分にもきっと優しくなれるはずだ。

191 日目

時はえこひいきしない。
1日は誰でも24時間だ。

時間は生きる者すべてに平等に与えられたもの。
どう使うかはその人次第。

Time Doesn't Play Favorites.
We All Get the Same 24 Hours Every Day

時は「偉大な等化装置」と言われる。貧しいか金持ちか、有名か無名かなどにかかわらず、人は誰でもいずれ死ぬ。例外はない。時はまた別の意味で偉大な等化装置だ。1日はこの世に生きる者誰にとっても同じ。各々に24時間が与えられている。それをどう使うかは当人次第だ。毎日の24時間の使い方をどう選ぶかによって、人生は大きく変わり得る。

Tips play favoritesは「偏愛を示す」つまり「えこひいきする」という意味。親は子どもをえこひいきするかもしれないし、従業員をえこひいきする経営者も中にはいるだろう。差別はあってはならないことなので、これは明らかに良い行いとは言えない。えこひいきをしない「時」についてのこの金言は、少なくとも人生のこの極めて重要な要素は誰をも平等に扱ってくれることを喝破している。だから自分を可哀想と思ったり、言い訳をしたりしないで、日々の時間をできる限り有効に活用することが大切。

192日目

よく働き、よく遊べ。

遊びからアイデアが生まれ、
仕事の成功につながることもある。

Work Hard, Play Hard

これはシリコンバレーの暗黙のモットー。アメリカのIT産業のメッカである当地の起業家、夢想家、ベンチャーキャピタリストらは極めて競争心や成功への意欲が強いことで知られている。彼らは人生のすべてを単なる仕事ではなくワクワクする冒険と捉えているのだ。また、最も創造的で独創的なアイデアが遊びの中から生まれることもあるので、よく遊ぶことも仕事での成功につながると信じている。シリコンバレーの住人ほど超野心的でないにしても、人生を精一杯生きるのにこのモットーは役立つかもしれない。

Tips この金言は今でもよく知られていることわざAll work and no play makes Jack a dull boy.「よく学び、よく遊べ」のバリエーション。考え方はほぼ一緒で、人生には仕事以外のものもあり、遊びも充実した人生の大切な要素だということ。

193日目

過去に成功できる者はいない。

当たり前のことだが、過去をやり直すことはできないのだから、前を向いて未来を考えよう。
過去のことでくよくよしていても仕方がない。

Nobody Becomes Successful in the Past

極めて当たり前のことをあえて述べている、ユーモラスな金言。当然、過去にさかのぼって何かをできるはずがないが、成し遂げられなかったことを後悔するなということを言っている。過去に戻ってそのことをやり直すことはできないのだから。そのチャンスはもう失われており、諦めるしかない。今できることは、現在に集中して未来をつくること。日々努力して成功をつかみ取ることは可能だ。後悔は目的地へたどり着く助けにはならないのだから。

Tips この表現のインパクトは、その馬鹿馬鹿しいほどのユーモア感覚にある。聞いた瞬間は「もちろん！　そんなことわかってるよ！」と言いたくなるかもしれない。しかし、よく考えてみると、失ったチャンスを悔やんでいかに多くの時間を浪費しているかに気づくだろう。今現在のチャンスに集中するために浪費できる時間はない。

194日目

ドアが閉まるたびに窓は開く。

何かを失ったとしても、
それは新しい何かの始まりだと考えよう。

Every Time a Door Closes, a Window Opens

他のことが始まる前に、ある1つのことを終わりにしなければならないときがある。例えば、失業はより意義のある仕事を見つけるために必要なことかもしれないし、恋人と別れることで、より自分に合う人との出会いが可能になるかもしれない。目が不自由になるといったような悲惨な出来事であっても、それが私たちを新たな経験に導いてくれることもあるだろう（盲目であることが作曲に集中する助けになった偉大なミュージシャン、スティービー・ワンダーのことを思い浮かべてみよう）。何かの終わりは辛いものだが、新たな始まりが待っているということである。希望に満ちていて、楽観的な金言だ。

Tips 仕事や恋などで挫折を経験した友人にかける言葉として、うってつけの金言。失われたものへの執着を軽くしてあげるのに役立つことだろう。そうすることで、これからのことをより能動的に受け入れられるようになる。

195 日目

今いる場所が目的地ではない。
まさにここがスタート地点だ。

今が辛くても、その今から始まると仕切り直して
考えてみよう。

Where You Are Now Is Not Where You're Going.
It's Just Where You're Starting From

現在の状況が未来を決めるわけではない。今は様々な難題を抱えていたとしても、ずっとそんな状態が続くとは限らない。ただ、人はつい明日も今日と同じ日が続き、失望や心配事も翌日に持ち越されると思いがち。この金言は、そんな現況を新たな視点で考える方法を教えている。今ここから始まるという見方だ。理想的なスタート地点ではないかもしれないが、それは関係ない。大切なことは今ここに自分がいて、これからどこに向かうか。それだけだ。

Tips 毎日を新たな始まりと見なすのは、欧米文化では重要なポイント。自分には常に前進する力があり、その力がポジティブな変化を起こす可能性をもたらすと考える。未来が過去によって制限されると思うのは簡単だが、それがすべての人にとって真実である必要はない。

196日目

過去のことは忘れ去ろう。新しい経験が次々とやって来ているのだから。

過去のことは教訓として受け止めて、
引きずるべきではない。
未来にも多くの新しいことが待ち受けているのだから。

Let Go of the Past. New Experiences Are on Their Way to You

過去を忘れるのは時に難しい。過去の友人や経験、ペットなどを思い出すと寂しく思ったりする。しかし人生から過ぎ去っていったすべてのものに未練を残していたら、大きな悲嘆を引きずって生きることになる。過去が様々なものをもたらしてくれたように、未来もまた多くのものを授けてくれるのだ。過去は潔く手放して、次々とやって来る新しいことを歓迎しよう。

Tips 自己救済や動機づけで、時間は重要な役割を果たしている。「現在」は原動力と見なされており、「過去」は必要以上に引きずるもの、またはそれがもたらした教訓に価値があるものとされる。そして「未来」は喜びを持って期待するものか恐れるものだ。これらすべての姿勢や考え方が人生に多大な影響を与える。したがって、過去、現在、未来各々の時間のどの程度の割合が自分にとって意味のあるものなのかを明確に判断することが大切。

197 日目

挫折を感じたときこそが、時に突破口をつかんでいるとき。

人生で「崩壊」を感じたときこそ、
次に待ち受けるより良い未来を信じよう。

Sometimes When It Feels like You're Breaking Down,
You're Really Breaking Through

人は誰でも「挫折」することが怖い。だが、より高いレベルに行くには極めて劇的な変化が必要とされるときもある。初めは「挫折」に思えたものが実は、さらなる高みに連れて行ってくれる天からの後押しかもしれない。あとで振り返ってみれば、「挫折」を「突破」した方法がわかって、より強く賢くなれたと感じられるようになるはず。何かに行き詰まったときは、より良い未来への通り道だと考えてみよう。

Tips　とてもパワフルであると同時に、break downとbreak throughという似た表現の使い方が非常に上手い。だが似ているのは見た目だけで、前者はとてもネガティブな響きで恐ろしくもある言葉。一方、後者はポジティブでさわやかな表現だ。前者は後者と交換できるという希望を与えてくれる金言。

198日目

あなたは過去の自分ではなく、
可能性そのものだ。

過去からの学び以上に、
未来はもっと多くの可能性があると思おう。

You Are Not Your Past. You Are Your Possibilities

将来成し遂げられることを予測するために自身の過去を振り返るだけでは、非常に限られた結果しか期待できないだろう。過去から学ぶことはできるが、将来がこれまでと同じくらいのほどほどの結果になると思うのは禁物だ。それは成長の否定にもなる。未来は限りなく開けていて途方もない可能性があると考えなければならない。過去に学んだから、より良い判断もできるようになったし、様々な状況に対処できるようにもなった。しかし、過去がどうであれ、未来にはもっともっと多くのことができると常に思わなければ。

Tips　2つのp音の頭韻によって、とても記憶に残る言い回しになっている。また非常に「閉鎖的」なもの（過去はすでに決まっていて変えることができない）から極めて「開放的」でダイナミックなもの（可能性）へスイッチする手法も使われている。一種の比喩的な「開放」が起こる文末までの流れが素晴らしい。

199日目

未来はそれを創り出すことによって予測せよ。

未来が明るくなると信じるような努力を今、しよう。

Predict the Future by Creating It

未来に何が起こるかは誰も正確にわからないが、現在の判断や振舞いが未来に大きく影響することは誰にでも認識できる。だから、すべきことや考えるべきことを注意深く賢明に決められれば、未来に相応の結果が待っていると信じることができるのだ。未来を心配する代わりに、それができる限り明るく前向きなものになると確証が持てるような努力をしよう。

Tips 一般的に欧米文化では、「未来派」とは技術的なトレンドをフォローできたり、人工知能や自動運転車、仮想通貨などがいかに世界を劇的に変えるかを予測できたりする人たちのことだと考えられている。最も有名なところでは、彼らによって、コンピューターの知性が人間の知性を完全に超える転換点である「特異点」という考え方が広まった。未来に関するこのような予測には引きつけられるが、今回の金言は、5年後や10年後、20年後の私たちの人生がどのようになるかを予測できるはるかに実践的な方法を教えてくれている。

200日目

今日は残りの人生の最初の日。

だから、1日1日を大切に、
新たな気持ちでスタートを切ろう。

Today Is the First Day of the Rest of Your Life

8歳であろうと、18歳であろうと、88歳であろうと関係ない。毎日が残りの人生の始まりだ。毎日、自分のこれまでの「歴史」が終わり、また新たな人生が始まる。だから今日この日、そして毎日が非常に大切。今日はどんな新鮮なスタートを切ることができるだろうか。自身の行動でどんな新しい勢いを生むことができるだろうか。すべては今日始まる。

Tips　1970年代のアメリカで人気になったフレーズ。当時はコーヒーのテレビCMでも使われたほど。カレンダーやTシャツなどでは今でも時々使われ、人気は健在だ。

All's Well That Ends Well

◎監修者

長尾和夫　ながお・かずお

福岡県出身。南雲堂出版、アスク講談社、NOVA などで、大学英語教科書や語学系書籍・CD-ROM・Web サイトなどの編集・制作・執筆に携わる。現在、語学書籍の出版プロデュース・執筆・編集・翻訳などを行うアルファ・プラス・カフェを主宰。
『英語で話す力。』シリーズ全5点、『絶対「英語の耳」になる!』シリーズ全15 点(三修社)累計30万部、『日常のリアルなひとこと　ためぐち英語』(高橋書店)、『日常生活を英語でドンドン説明してみよう』(アスク出版)、『ビジネスデータを説明するための英語表現』(DHC)、『朝起きてから寝るまで英文法』『ビジネス英会話 高速変換トレーニング』(アルク)、『英語で自分をアピールできますか?』『英語でケンカができますか?』(角川グループパブリッシング)、『書き込み式・英語で自分を説明できる本』(日本経済新聞出版社)、『ネイティブ英語がこう聞こえたら、この英語だ!』(主婦の友社)ほか、著訳書・編書は250 点を超える。

◎著者

アンディ・バーガー Andy Boerger

米国出身。オハイオ州立大学でBFAを取得。横浜国立大学講師。サイマルアカデミーCTC（Simul Academy Corporate Training Center）、アルク、タイムライフなどでの英会話講師経験を活かし、A+Café（アルファ・プラス・カフェ）の主要メンバーとして、多岐にわたる語学書籍の執筆に活躍中。主著に、『英語で話す力。』『英語で読む力。』『英語で聞く力。』『絶対「英語の口」になる！ 中学英語で基礎から鍛えるシャドーイング大特訓50』『絶対「英語の耳」になる！ リスニング50のルール』（三修社）、『聴こえる！ 話せる！ ネイティヴ英語発音の法則』『ネイティヴみたいに主張する！ 激論English』（DHC）、『英文メールとにかく100語で書いてみる』（すばる舎）、『英語で返事ができますか？』（角川グループパブリッシング）、『ビジネスパワー英語入門243』（PHP研究所）などがある。

仲慶次 なか・けいじ

1962年、東京都生まれ。ノンフィクション書籍編集者を経て、英文雑誌編集長を約10年務めたのち独立。フリーランスとして主に大学向けの英語教科書・副読本・問題集、一般向けの英語学習書などの編集、執筆、翻訳に携わる。主な編著書に『話せる！ 商談英会話』（マクミラン・ランゲージハウス）、『世界一わかりやすい 英検準2級/2級の英単語』（KADOKAWA）、『From the UN News Centre 国連ニュースで読む世界』『世界基準の ビジネス英会話』（三修社）、『Successful Keys to the TOEIC Listening and Reading Test』（桐原書店）、『英語ライティング 至高のテクニック36』（ベレ出版）、『イマドキ言葉の英語表現』（日本経済新聞出版社）など多数。

本多真佑子 ほんだ・まゆこ

1988年、東京都生まれ。津田塾大学学芸学部国際関係学科卒業。テレビ番組制作会社に入社。その後、三修社で編集者として主に英語の語学書を中心に担当。三修社在籍中の主な編集担当書籍に『英語で話す力。』シリーズ全5点、『世界基準のビジネス英会話』、『英語を聞きとる力が飛躍的にアップする新メソッド　10秒リスニング』、『世界のエリートを唸らせる　話すビジネス英語』、『一流ビジネスパーソンが無意識にやっている　英語でプレゼン・スピーチ15の法則』、『論理的に話す・書くための英語変換術』等がある。現在は、英語の語学書やビジネス書を中心に出版プロデュース・編集・執筆などを行う。

装丁・本文デザイン　喜來詩織（エントツ）
DTP　小林菜穂美
編集協力　本多真佑子
営業担当　渡邊慧一
編集担当　三田智朗

あなたを励ます！　アメリカの金言集

2021年3月25日　初版第一刷発行

監修者　長尾和夫
著　者　アンディ・バーガー
　　　　仲慶次
　　　　本多真佑子
発行者　伊藤滋
発行所　株式会社自由国民社
　　　　〒171-0033
　　　　東京都豊島区高田3丁目10番11号
　　　　電話03 － 6233 － 0781
　　　　https://www.jiyu.co.jp/
印刷所　大日本印刷株式会社
製本所　新風製本株式会社

 ISBN978-4-426-12689-6